Balzer
Finanzbuchhaltung

Praxis der Unternehmensführung

Karlheinz Balzer

Finanzbuchhaltung

Inventur
Inventar
Eröffnungsbilanz
Schlußbilanz
Erfolgsermittlung
Privatkonto
Buchungen und Buchungssätze
Kontenrahmen
Kontenplan

GABLER

Die Deutsche Bibliothek – CIP-Einheitsaufnahme

Balzer, Karlheinz:
Finanzbuchhaltung / Karlheinz Balzer. – Wiesbaden : Gabler,
1995
(Praxis der Unternehmensführung)

ISBN 978-3-409-13558-0   ISBN 978-3-663-10066-9 (eBook)
DOI 10.1007/978-3-663-10066-9

© Springer Fachmedien Wiesbaden 1995
Ursprünglich erschienen bei Betriebswirtschaftlicher Verlag Dr. Th.
Gabler GmbH, Wiesbaden 1995.
Lektorat: Dr. Walter Nachtigall

Das Werk einschließlich aller seiner Teile ist urheberrechtlich geschützt. Jede Verwertung außerhalb der engen Grenzen des Urheberrechtsgesetzes ist ohne Zustimmung des Verlages unzulässig und strafbar. Das gilt insbesondere für Vervielfältigungen, Übersetzungen, Mikroverfilmungen und die Einspeicherung und Verarbeitung in elektronischen Systemen.

Höchste inhaltliche und technische Qualität unserer Produkte ist unser Ziel. Bei der Produktion und Verbreitung unserer Bücher wollen wir die Umwelt schonen. Dieses Buch ist auf säurefreiem und chlorfrei gebleichtem Papier gedruckt. Die Buchverpackung besteht aus Polyäthylen und damit aus organischen Grundstoffen, die weder bei der Herstellung noch bei der Verbrennung Schadstoffe freisetzen.

Die Wiedergabe von Gebrauchsnamen, Handelsnamen, Warenbezeichnungen usw. in diesem Werk berechtigt auch ohne besondere Kennzeichnung nicht zu der Annahme, daß solche Namen im Sinne der Warenzeichen- und Markenschutz-Gesetzgebung als frei zu betrachten wären und daher von jedermann benutzt werden dürften.

Umschlaggestaltung: Schrimpf und Partner, Wiesbaden
Satz: ITS Text und Satz GmbH, Herford

Inhalt

1	**Notwendigkeit der Buchführung**.................	1
1.1	Aussagefähigkeit der Buchführung............	1
1.2	Juristische Grundlagen der Buchführung.......	3
	1.2.1 Gesetzliche Grundlagen..............	3
	1.2.2 Grundsätze ordnungsmäßiger Buchführung	3
2	**Von der Inventur zur Bilanz**...................	5
2.1	Inventur und Inventar	5
2.2	Inventar und Bilanz.......................	8
	2.2.1 Entstehung der Bilanz	8
	2.2.2 Aussagefähigkeit der Bilanz	10
2.3	Bilanz und doppelte Buchführung.............	11
	2.3.1 Wesen der doppelten Buchführung (Doppik).........................	11
	2.3.2 Veränderungen der Bilanz	12
3	**Von der Eröffnungsbilanz zur Schlußbilanz (ohne Umsatzsteuer)**.........................	14
3.1	Auflösung der Bilanz in Konten	14
	3.1.1 Notwendigkeit der Auflösung	14
	3.1.2 Durchführung der Auflösung..........	14
3.2	Buchen auf Bestandskonten..................	16
3.3	Zusammenfassung der Bestandskonten in der „Schlußbilanz"......................	19

4　Erfolgsermittlung in der Buchhaltung (ohne Umsatzsteuer) 21
4.1　Wesen erfolgswirksamer Geschäftsfälle 21
4.2　Buchen auf Erfolgskonten 22
　　　4.2.1　Buchen auf Aufwandskonten 23
　　　4.2.2　Buchen auf Ertragskonten 24
　　　4.2.3　Abschluß der Erfolgskonten. 24

5　Buchungen und Buchungssatz (ohne Umsatzsteuer). 27
5.1　Der einfache Buchungssatz 27
5.2　Der zusammengesetzte Buchungssatz 28
5.3　Lesen von Buchungssätzen 29

6　Buchung von Einkäufen und Verkäufen (ohne Umsatzsteuer) 30
6.1　Begriffsklärung 30
6.2　Einfache Einkaufs- und Verkaufsbuchungen..... 31
　　　6.2.1　Buchung von Einkäufen.............. 31
　　　6.2.2　Buchung von Warenverkäufen......... 32
　　　6.2.3　Abschluß der Einkaufs- und Verkaufskonten. 33
6.3　Bezugskosten und Transportkosten 35
　　　6.3.1　Buchung der Bezugskosten (Einkäufe) .. 35
　　　6.3.2　Buchung der Transportkosten (Verkäufe)......................... 37
6.4　Rücksendungen und Gutschriften 38
　　　6.4.1　Rücksendungen an Lieferer 38
　　　6.4.2　Buchung beim Verkauf.............. 39
6.5　Buchung von Rabatten, Boni, Skonti 40
　　　6.5.1　Gründe für Preisnachlässe 40
　　　6.5.2　Buchhalterische Behandlung von Rabatten 41
　　　6.5.3　Buchung von Boni und Skonti......... 42

7 Buchung der Umsatzsteuer 44
   7.1 Begriffsklärung 44
   7.2 Ermittlung der Steuerschuld (Zahllast) 44
   7.3 Buchungsvorgänge 46
       7.3.1 Buchung der Vorsteuer 46
       7.3.2 Buchung der anteiligen Umsatzsteuer ... 47
       7.3.3 Abschluß der Umsatzsteuerkonten 47
       7.3.4 Die Umsatzsteuer am Ende des Geschäftsjahres 49
       7.3.5 Korrekturbuchungen 50

8 Das Privatkonto 53
   8.1 Notwendigkeit des Privatkontos 53
   8.2 Buchungen auf dem Privatkonto 53

9 Buchung von Aufwendungen 57
   9.1 Buchung des Materialverbrauchs 57
   9.2 Buchung der Personalaufwendungen 60
       9.2.1 Buchung des Arbeitsentgelts 60
       9.2.2 Buchung des Arbeitgeberanteils 62
       9.2.3 Buchung von Vorschüssen 62
   9.3 Buchung der Steuern 63
       9.3.1 Buchung der betrieblichen Steuern 64
       9.3.2 Buchung der Privatsteuern 64
       9.3.3 Steuern als nicht absetzbare Betriebsausgaben 65
       9.3.4 Buchung von Steuern als Anschaffungsnebenkosten 65
       9.3.5 Buchung durchlaufender Posten 65
   9.4 Buchung der Abschreibungen 66
       9.4.1 Wesen der Abschreibungen 66
       9.4.2 Arten der Abschreibungen 67

	9.4.3	Buchung der Abschreibungen auf Güter des Anlagevermögens	69
	9.4.4	Buchung der Abschreibungen auf Forderungen	71
9.5		Buchung weiterer Aufwendungen	74

10 Erfolgsermittlung bei Bestandsveränderungen 76
- 10.1 Begriffsklärung 76
- 10.2 Buchhalterische Behandlung von Bestandsveränderungen 77
  - 10.2.1 Bestandsmehrungen 77
  - 10.2.2 Bestandsminderungen 78
  - 10.2.3 Abschluß des Kontos „Bestandsveränderungen" 79

11 Vom Kontenrahmen zum Kontenplan 81
- 11.1 Zweck und Aufbau des Kontenrahmens 81
- 11.2 Gliederungsprinzipien für Kontenrahmen 82
  - 11.2.1 Organisation nach dem Prozeßgliederungsprinzip 83
  - 11.2.2 Organisation nach dem Abschlußgliederungsprinzip 84
- 11.3 Der Industriekontenrahmen (IKR) 85
- 11.4 Der Kontenplan 87

Literaturempfehlung 90

Stichwortverzeichnis 92

1 Notwendigkeit der Buchführung

1.1 Aussagefähigkeit der Buchführung

In jedem Unternehmen fällt täglich eine große Zahl von Geschäftsvorgängen an: Es werden Waren eingekauft und verkauft, Rechnungen werden beglichen, Löhne ausgezahlt, neue Maschinen treffen ein, die Telefonrechnung wird abgebucht usw. Alle diese Vorgänge haben zwei Dinge gemeinsam:

- Eine Bearbeitung ist nur möglich, wenn jeder Geschäftsvorfall mit einem Wert – also einem DM-Betrag – „versehen" ist.

- Kein noch so gut trainiertes menschliches Gehirn ist in der Lage, alle Vorgänge zu speichern und bei Bedarf einwandfrei wiederzugeben.

Es ergibt sich somit die Notwendigkeit regelmäßiger Aufzeichnungen über das Betriebsgeschehen. Dies ist Aufgabe der Buchhaltung. In ihr laufen zunächst einmal alle Zahlen über die betrieblichen Vorgänge zusammen (*Sammelfunktion der Buchführung*). Die Buchhalter sortieren die Belege nach sachlichen Gesichtspunkten, zum Beispiel nach Warenverkäufen, Postgiroveränderungen, Personalkosten usw. (*Ordnungsfunktion der Buchführung*). Alle Geschäftsvorgänge werden in die Sprache der Buchhaltung übersetzt und gebucht (*Buchungsfunktion der Buchführung*).

Nach den Buchungen sind alle gleichartigen Vorgänge sachlich und chronologisch zusammengefaßt. Der Buchhalter ist daher jederzeit in der Lage, dem Geschäftsinhaber, dem Betriebsprüfer, aber auch jedem einzelnen Kunden oder Lieferanten die gerade benötigten Auskünfte zu erteilen. Solche Angaben können zum Beispiel sein:

- Höhe der Schulden (Verbindlichkeiten) gegenüber einem Lieferanten,

- Gesamthöhe der Verbindlichkeiten,

- Höhe der Forderungen (Außenstände) gegenüber einem Kunden,

- Gesamthöhe der Außenstände,

- Gesamtwert aller Verkäufe in einem Monat des laufenden Geschäftsjahres,

- Gesamtwert aller Verkäufe des laufenden Geschäftsjahres,

- Wert des Warenlagers,

- Höhe des Gewinns im vergangenen Geschäftsjahr,

- Höhe der Personalkosten während einer bestimmten Periode,

- Entwicklung der Lohnkosten während der vergangenen vier Geschäftsjahre,

- Stand des Guthabens bei der X-Bank,

- Höhe der Hypothekenschuld bei der Y-Bank.

Die Reihe der Beispiele läßt sich beliebig fortsetzen. Die „gut geführte Buchführung" ist nahezu unerschöpflich in ihrer Ausssagekraft (*Informationsfunktion der Buchführung*).

Die möglichen Auskünfte lassen sich in drei Gruppen zusammenfassen:

- Aussagen über den Stand von Vermögen und Schulden im Zeitablauf,

- Aussagen über Veränderungen von Vermögen und Schulden der Unternehmung zu einem bestimmten Zeitpunkt,
- Aussagen über den Geschäftserfolg (Gewinn oder Verlust) des Unternehmens.

1.2 Juristische Grundlagen der Buchführung

1.2.1 Gesetzliche Grundlagen

Die „logische" Notwendigkeit zur Buchführung hat ihren Niederschlag in mehreren Gesetzen gefunden. So verpflichtet § 238 HGB jeden Kaufmann zur Führung von Büchern. In den §§ 238 bis 263 HGB sind nähere Angaben über Art und Umfang der erforderlichen Aufzeichnungen enthalten. Auch im Aktiengesetz, im GmbH-Gesetz, im Genossenschaftsgesetz sowie in verschiedenen Steuergesetzen findet sich eine Reihe von die Buchführung betreffenden Vorschriften.

1.2.2 Grundsätze ordnungsmäßiger Buchführung

Im Zusammenhang mit der Buchführungspflicht werden häufig die „*Grundsätze ordnungsmäßiger Buchführung (GoB)*" angeführt. Eine gesetzliche Definition – man spricht auch von einer Legaldefinition – gibt es hierfür nicht. Das ist insofern vorteilhaft, als dadurch eine ständige Anpassung an die Entwicklung des wirtschaftlichen Lebens möglich ist. In den GoB sind Aussagen über die Einrichtung der Buchführung, über die laufenden Buchungen sowie über den Abschluß der Buchführung enthalten.

Was zu den GoB gehört, hat der Bundesfinanzhof (BFH) – das höchste Finanzgericht in der Bundesrepublik – in mehreren Entscheidungen festgelegt. Nach einem BFH-Urteil aus dem Jahre 1966 gilt:

Eine Buchführung ist ordnungsgemäß, wenn

- das gewählte Buchführungsverfahren eine zeitnahe Erfassung aller Geschäftsvorfälle gewährleistet und sich die Geschäftsvorfälle in ihrer Entstehung und Abwicklung buchmäßig verfolgen lassen;

- die für das gewählte Buchführungsverfahren erforderlichen „Bücher" (hierüber erfahren Sie später mehr) geführt werden, die Bücher formal in Ordnung sind und ihr Inhalt sachlich richtig ist.

Als wichtige Ergänzung zu den GoB muß auch § 238 (1) HGB angegeben werden, in dem ausdrücklich gefordert wird, die Buchführung müsse so beschaffen sein, „daß sie einem sachverständigen Dritten innerhalb angemessener Zeit einen Überblick über die Lage des Unternehmens vermitteln kann."

2 Von der Inventur zur Bilanz

2.1 Inventur und Inventar

Der Nähmaschinenfabrikant Werner Hamberger beauftragt seine Mitarbeiter, den Wert des im Unternehmen befindlichen Vermögens sowie die Höhe der Schulden (Verbindlichkeiten i.w.S.) festzustellen. Durch Messen, Zählen, Wiegen, Schätzen erfassen die Angestellten jede einzelne Vermögens- und Schuldenposition. Eine derartige *körperliche Bestandsaufnahme* wird als *Inventur* bezeichnet. Die Vermögens- und Schuldenpositionen werden in D-Mark bewertet. Feststellung von Mengen (Vermögen und Schulden) sowie deren Bewertung zu einem Stichtag sind somit die Wesensmerkmale der Inventur.

Die ermittelten Werte werden in einem oftmals sehr umfangreichen Verzeichnis, dem *Inventar*, zusammengestellt. Jeder Kaufmann ist gemäß § 240 HGB zur Aufstellung eines Inventars bei der Gründung sowie zum Ende eines jeden Geschäftsjahres verpflichtet. Die Inventare sind gemäß § 257 (1) und (4) HGB zehn Jahre aufzubewahren.

Das Inventar ist in drei Teile aufgegliedert: Vermögen, Schulden und Reinvermögen (Eigenkapital). Die Vermögens- und Schuldenpositionen werden in der Regel entsprechend der in § 266 HGB festgelegten Bilanzgliederung aufgeführt. Als Darstellungsweise hat sich die Staffelform bewährt, bei der die verschiedenen Positionen untereinander aufgeführt werden.

    Vermögen
·/· Schulden
= Reinvermögen

Beispiel:

Inventar der Nähmaschinenfabrik Werner Hamberger, Worms, zum 31. Dezember 19..

		DM	DM
A. Vermögen			
I. Anlagevermögen			
	1. Grundstücke		
	a) Verwaltungsgebäude	120000	
	b) Fabrikgebäude	210000	330000
	2. Maschinen laut besonderer Aufstellung (Anlage-Blatt 1)		360000
	3. Fahrzeuge laut besonderer Aufstellung (Anlage-Blatt 2)		75000
	4. Geschäftsausstattung laut besonderer Aufstellung (Anlage-Blatt 3)		34000
II. Umlaufvermögen			
	1. Rohstoffe und Fremdbauteile laut besonderer Aufstellung (Anlage-Blätter 4–9)		160000
	2. Hilfsstoffe laut besonderer Aufstellung (Anlage-Blätter 10–12)		42000
	3. Betriebsstoffe laut besonderer Aufstellung (Anlage-Blatt 13)		38000
	4. Fertigerzeugnisse laut besonderer Aufstellung (Anlage Blatt 14)		280000
	5. Handelswaren laut besonderer Aufstellung (Anlage-Blatt 15)		23000
	6. Forderungen laut besonderer Aufstellung (Anlage-Blätter 16–17)		141000

7. Besitzwechsel laut besonderer Aufstellung (Anlage-Blatt 18)		18 000
8. Kasse		5 628
9. Postgiro	22 173	
10. Bank		
a) Volksbank Worms	32 417	
b) Rheinhessenbank Worms	38 655	71 072
Summe des Vermögens		1 599 873

B. Schulden

1. Hypothekenschuld bei Volksbank Worms	178 000
2. Darlehensschuld bei Rheinhessenbank Worms	65 000
3. Schuldwechsel	8 000
4. Verbindlichkeiten lt. besonderer Aufstellung (Anlage-Blätter 19–20)	152 000
Summe der Schulden	403 000

C. Ermittlung des Eigenkapitals

Summe des Vermögens	1 599 873
·/· Summe der Schulden	403 000
Eigenkapital (Reinvermögen)	1 196 873

Durch Vergleich der in zwei aufeinanderfolgenden Inventaren ausgewiesenen Reinvermögen läßt sich der *Geschäftserfolg* ermitteln. Beträgt das Reinvermögen in unserem Beispiel im folgenden Jahr 1 296 873 DM, dann kann ein *Gewinn* in Höhe von 100 000 DM entstanden sein; beträgt es im Folgejahr nur 946 873 DM, dann kann ein *Verlust* in Höhe von 250 000 DM eingetreten sein.

Warum sagen wir „kann"? Es leuchtet ein, daß ein erhöhtes Eigenkapital durch Einlagen des Eigentümers, ein niedrigeres Eigenkapital auch durch Privatentnahmen des Inhabers verursacht werden kann. Neu-Einlagen des Eigentümers sind daher bei der Erfolgsermittlung durch *Eigenkapitalvergleich* von der Differenz der zu vergleichenden Reinvermögen abzuziehen, die *Privatentnahmen* (Geld und Warenwerte) sind zu addieren.

2.2 Inventar und Bilanz

2.2.1 Entstehung der Bilanz

Aus dem sehr ausführlichen, in Staffelform dargestellten Inventar muß jeder Kaufmann gemäß § 242 HGB eine knappe Zusammenfassung bilden. Hierfür ist gemäß § 266 (1) HGB die Kontoform vorgeschrieben. Ihr Wesen besteht darin, daß Vermögens- und Schuldenwerte einander gegenüberliegend anzuordnen sind. Hierzu eignet sich das *T-Konto* besonders gut, das seinen Namen seiner äußeren Gestalt verdankt.

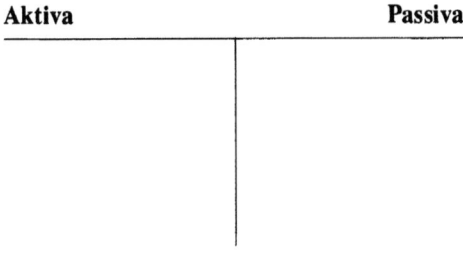

Die linke Seite der Bilanz wird als *Aktivseite* bezeichnet. Auf ihr werden sämtliche Vermögenswerte (Aktiva) zusammengefaßt. Auf der rechten Bilanzseite (Passivseite) erscheinen die Schulden (Fremdkapital) sowie das Eigenkapital. Eigen- und Fremdkapitalpositionen bilden die Passiva. Die Passivseite der Bilanz gibt somit über die Kapitalherkunft, die Kapitalquellen, Auskunft. (Woher stammt das Kapital?). Aus der Aktivseite kann dagegen die Kapitalverwendung ersehen werden. (Wofür, das heißt für welche

Vermögensteile, wurde das auf der anderen Bilanzseite ausgewiesene Kapital eingesetzt?)

Die Gliederung der Jahresbilanz soll seit dem 1. Januar 1986 nach den Vorschriften von § 266 Absatz 2 und 3 des Handelsgesetzbuches erfolgen.

Die aus dem Inventar der Nähmaschinenfabrik Hamberger abgeleitete Bilanz hat folgendes Aussehen:

Aktiva		Bilanz zum 31.12....	Passiva	
I. Anlagevermögen			I. Eigenkapital	1 196 873
1. Grundstücke	330 000		II. Verbindlichkeiten	
2. Maschinen	360 000		1. Hypothek	78 000
3. Fahrzeuge	75 000		2. Bankdarlehen	65 000
4. Geschäftsausstattung	34 000		3. Verbindlichkeiten aus Lieferungen und Leistungen	152 000
II. Umlaufvermögen			4. Schuldwechsel	8 000
1. Rohstoffe und Fremdbauteile	160 000			
2. Hilfsstoffe	42 000			
3. Betriebsstoffe	38 000			
4. Fertigerzeugnisse	280 000			
5. Handelswaren	23 000			
6. Forderungen	141 000			
7. Besitzwechsel	18 000			
8. Kasse	5 628			
9. Postgiro	22 173			
10. Bank	71 072			
	1 599 873			1 599 873

Die zum Ende des Geschäftsjahres aufgestellte Bilanz (*Schlußbilanz*) ist die Eröffnungsbilanz des folgenden Jahres (*Bilanzidentität*).

Ein Vergleich von Inventar und Bilanz ergibt folgende Unterschiede:

Inventar	Bilanz
Mengen- und wertmäßige Erfassung	Nur wertmäßige Erfassung
Ausführliche Aufzeichnung einzelner Positionen	Zusammenfassung gleichartiger Posten zu einem Wert
Staffelform	Kontoform

2.2.2 Aussagefähigkeit der Bilanz

Aus den Zahlen der Bilanz kann der fachkundige Leser eine Fülle von Informationen entnehmen, die ihm Rückschlüsse auf die wirtschaftliche Lage des Unternehmens erlauben. Höhe und Zusammensetzung von Vermögen und Kapital, Höhe des Anlagevermögens im Verhältnis zum Eigenkapital, Höhe der kurzfristigen Verbindlichkeiten im Verhältnis zu kurzfristig verfügbaren Zahlungsmitteln sind nur einige Aspekte, die in einer Bilanzanalyse untersucht werden können. Die Bilanz ermöglicht es somit dem Unternehmer, sich kurzfristig ein Bild über den Stand sowie (durch Vergleiche mit früheren Bilanzen) über die Entwicklung seines Geschäfts zu verschaffen. Wegen der großen Zahl der in ihr steckenden Informationsmöglichkeiten ist die Bilanz auch eine wesentliche Unterlage für die Kreditwürdigkeitsprüfung durch Banken und andere Kapitalgeber.

Der in § 242 HGB vorgeschriebene Bilanzierungsabstand (ein Jahr) ist so groß, daß viele Unternehmungen zur Aufstellung von Zwischenbilanzen (vierteljährlich, monatlich) übergehen. Dies geschieht häufig durch die Aufstellung von Betriebsübersichten (vgl. hierzu den Band „Betriebsübersicht und Abschlußbuchungen" in dieser Reihe). Damit wird erreicht, daß etwaige Verlustquellen in der Unternehmung frühzeitig erkannt und entsprechende Gegenmaßnahmen ergriffen werden können. Wie Inventare sind auch Bilanzen gemäß § 257 (1) und (4) HGB zehn Jahre aufzubewahren.

2.3 Bilanz und doppelte Buchführung

2.3.1 Wesen der doppelten Buchführung (Doppik)

Jeder Geschäftsvorfall wirkt sich mehrfach auf das Unternehmen aus. Dies soll an folgenden Beispielen verdeutlicht werden:

- Eine Bareinzahlung auf das Bankkonto ist mit einer Verringerung des Kassenbestandes verbunden.

- Eine Warenlieferung an einen Kunden verringert den Warenbestand, dafür erhöht sich der Bestand an Zahlungsmitteln oder – falls der Kunde nicht sofort zahlt – der Bestand an Forderungen. Da die Verkaufspreise in aller Regel von den Bezugspreisen abweichen, werden durch Warenverkäufe auch Gewinne oder Verluste verursacht, die sich dann in Veränderungen des Eigenkapitals niederschlagen.

- Durch die Bezahlung einer Lieferantenrechnung verringern sich gleichzeitig die Zahlungsmittelbestände und die Verbindlichkeiten gegenüber Lieferern um den gleichen Betrag.

Daraus ergibt sich als logische Konsequenz, daß die Bilanzseiten immer gleich sein müssen. Auf Konten bezogen bedeutet „doppelte Buchführung":

Was auf der einen Seite eines Kontos gebucht wird, das muß auch auf der anderen Seite eines anderen Kontos gebucht werden.

Durch diese „Mehrarbeit" wird die Aussagefähigkeit der Buchführung erhöht, zum anderen läßt sich die rechnerische Richtigkeit der Buchführung durch die Gleichheit der Summen beider Bilanzseiten feststellen.

2.3.2 Veränderungen der Bilanz

Die Bilanz ist ihrem Wesen nach eine komprimierte Momentaufnahme der betreffenden Unternehmung zu einem bestimmten Zeitpunkt. Die in ihr enthaltenen Werte werden durch die laufenden Geschäftsvorfälle ständig verändert. Dabei können vier „Veränderungstypen" auftreten:

Aktivtausch:

Es wird lediglich die Aktivseite der Bilanz berührt; die Bilanzsumme bleibt unverändert.

Beispiel: Abhebung vom Bankkonto.

Passivtausch:

Es wird lediglich die Passivseite der Bilanz berührt; die Bilanzsumme bleibt unverändert.

Beispiel: Umwandlung einer Lieferantenschuld in eine Darlehensschuld.

Aktiv-Passiv-Mehrung:

Aktivseite und Passivseite nehmen um den gleichen Betrag zu.

Beispiel: Einkauf von Rohstoffen, Zahlungsziel zwei Wochen.

Aktiv-Passiv-Minderung:

Aktiv- und Passivseite nehmen um den gleichen Betrag ab.

Beispiel: Bezahlung einer Lieferantenrechnung.

3 Von der Eröffnungsbilanz zur Schlußbilanz (ohne Umsatzsteuer)

3.1 Auflösung der Bilanz in Konten

3.1.1 Notwendigkeit der Auflösung

Bilanzen sind aus drei Gründen für die laufende Buchführungsarbeit ungeeignet:

- Jeder Geschäftsvorfall verändert in der Bilanz erfaßte Werte und würde somit die Aufstellung einer neuen Bilanz erfordern.

- Jeder Geschäftsvorfall berührt nur wenige (oftmals nur zwei) Bilanzpositionen.

- Verschiedene Bilanzpositionen sind so stark zusammengefaßt, daß sie für die praktische Buchungsarbeit wenig geeignet sind; so wird zum Beispiel die Nähmaschinenfabrik Hamberger während des Geschäftsjahres ihr Bankguthaben getrennt nach Rheinhessenbank Worms und Volksbank Worms führen.

3.1.2 Durchführung der Auflösung

Für jede Bilanzposition wird ein T-Konto eingerichtet. Dabei wird – entsprechend der Benennung der beiden Bilanzseiten – zwischen Aktivkonten und Passivkonten unterschieden. Da die Bilanzen Bestände ausweisen, werden die aus ihnen hergeleiteten Konten „Bestandskonten" genannt. An die Stelle der Bezeichnung „Aktivkonto" kann die Bezeichnung „aktives Bestandskonto", an die Stelle von „Passivkonto" die Benennung „passives Bestandskonto" treten.

Für die linke Seite eines jeden Kontos wird in der Bundesrepublik Deutschland die Bezeichnung „Soll" oder „Sollseite" gebraucht, die rechte Seite heißt „Haben" bzw. „Habenseite". Als Abkürzung sind „S" bzw. „H" gebräuchlich. Diese Benennungen sind fester Bestandteil der praktischen Buchführungsarbeit und bedürfen keiner weiteren Erläuterung.

Auf den Konten erscheinen die aus der Bilanz übernommenen Anfangsbestände auf der gleichen Seite wie in der Bilanz. Es ergeben sich somit folgende Grundregeln für die Auflösung der Bilanz in Konten:

- Die Anfangsbestände (AB) der Aktivkonten erscheinen auf der linken Seite (Sollseite).

- Die Anfangsbestände (AB) der Passivkonten erscheinen auf der rechten Seite (Habenseite).

Beispiel:

Aktiva		Eröffnungsbilanz	Passiva
Geschäftsausstattung	12000	Eigenkapital	78000
Rohstoffe	60000	Verbindlichkeiten	23000
Forderungen	15000		
Kasse	2000		
Bank	12000		
	101000		101000

S	Geschäftsausstattung	H		S	Eigenkapital	H
AB	12 000				AB	78 000

S	Rohstoffe	H		S	Verbindlichkeiten	H
AB	60 000				AB	23 000

S	Forderungen	H
AB	15 000	

S	Kasse	H
AB	2 000	

S	Bank	H
AB	12 000	

3.2 Buchen auf Bestandskonten

Jeder Geschäftsvorfall berührt mindestens zwei Konten. Daraus ergibt sich als erste Frage:

– Welche Konten sind betroffen?

Viele Vermögens- und Schuldenpositionen, die aus der Bilanz auf Bestandskonten übertragen werden, verändern sich im Verlaufe des Geschäftsjahres ständig. So können Kassenbestände zu- oder abnehmen, Darlehen aufgenommen oder getilgt, Verbindlichkeiten gegenüber Lieferanten (Lieferantenschulden) eingegangen oder beglichen werden. Veränderungen können somit sowohl Zugänge als auch Abgänge sein. Zugänge bewirken in jedem Falle eine Vergrößerung, Abgänge eine Verminderung der entsprechenden Vermögens- bzw. Schuldenposition.

Es ist nunmehr zu klären, wie sich derartige Veränderungen auf die Konten auswirken. In den nachstehenden Beispielen steht das Konto „Bank" stellvertretend für alle Aktivkonten, während an dem Konto „Verbindlichkeiten" die Auswirkungen von Zu- bzw. Abgängen auf Passivkonten dargestellt werden sollen.

Bank:	Anfangsbestand (AB)	837 DM
	Kundenzahlung	212 DM
	Kundenzahlung	459 DM
	Zahlung an Lieferant	900 DM
	Kundenzahlung	187 DM

Es leuchtet ein, daß ohne die Zahlung an den Lieferanten das Bankguthaben durch Addition des Anfangsbestandes und sämtlicher Kundenzahlungen ermittelt werden kann. Daraus kann bereits gefolgert werden, daß die Zugänge auf der gleichen Seite wie der Anfangsbestand festgehalten werden müssen. Die Zahlung an den Lieferanten stellt einen Abgang – eine Verringerung des Bankguthabens – dar und wird auf der Gegenseite gebucht. Es ergibt sich somit folgendes Kontenbild:

S	Bank	H
AB	837	900
	212	
	459	
	187	

Bei den Passivkonten ist entsprechend zu verfahren.

Verbindlichkeiten:	Anfangsbestand	12 000 DM
	Einkauf auf Ziel	4 000 DM
	Zahlung an Lieferant	9 000 DM
	Einkauf auf Ziel	6 000 DM

Durch die Zielkäufe erhöht sich die Summe der Verbindlichkeiten und beträgt – ohne die Zahlung an den Lieferanten – im vorliegenden Falle 22000 DM. Durch die Buchung der Zugänge auf der Passivseite und deren anschließende Addition ist dieser Betrag sehr einfach zu ermitteln. Auf der Aktivseite werden nunmehr alle Abgänge (Zahlungen an Lieferanten) gebucht.

S	Verbindlichkeiten		H
	9000	AB	12000
			4000
			6000

Die Grundregeln für Buchungen auf Bestandskonten lauten somit:

– Anfangsbestände und Zugänge werden auf den Sollseiten der Aktivkonten, Abgänge auf den Habenseiten erfaßt.

– Anfangsbestände und Zugänge werden auf den Habenseiten der Passivkonten, Abgänge auf den Sollseiten erfaßt.

Aus diesen Grundregeln ergeben sich als weitere Fragen:

– Handelt es sich um Aktiv- oder um Passivkonten?

– Sind auf den Konten Zugänge oder Abgänge zu buchen?

– Auf welcher Seite ist bei den einzelnen Konten zu buchen?

Beispiel:

Rohstoffeinkauf auf Ziel für 1800 DM.

1. Betroffen sind die Konten „Rohstoffe" und „Verbindlichkeiten".
2. „Rohstoffe" ist ein Aktivkonto, „Verbindlichkeiten" ist ein Passivkonto.

3. Der Rohstoffbestand nimmt zu, die Verbindlichkeiten steigen ebenfalls an (Aktiv-Passiv-Mehrung).
4. Die Rohstoffbuchung muß auf der Sollseite (Zugang bei einem Aktivkonto), die Buchung der Verbindlichkeit auf der Habenseite (Zugang bei einem Passivkonto) erfolgen.

S	Rohstoffe	H	S	Verbindlichkeiten	H
AB	60000			AB	23000
Verbindlichkeiten	1000			Rohstoffe	1800

Jede Buchung muß kontrollierbar sein; deshalb muß stets das „Gegenkonto" angegeben werden. Im vorliegenden Fall wurde die Kontenbezeichnung „Rohstoffe" auf dem Konto „Verbindlichkeiten" und die Kontenbezeichnung „Verbindlichkeiten" auf dem Konto „Rohstoffe" notiert.

3.3 Zusammenfassung der Bestandskonten in der „Schlußbilanz"

Im Verlauf des Geschäftsjahres werden zahlreiche Buchungen auf den verschiedenen Konten vorgenommen. Am Jahresende muß wiederum eine Bilanz aufgestellt werden. Wenn bei der Inventur keine Differenzen festgestellt werden (zum Beispiel wegen Diebstahlverlusten, Schwund), lassen sich die in diese Schlußbilanz aufzunehmenden Bestände aus den Zahlen der einzelnen Konten errechnen. Sie ergeben sich jeweils als Differenz zwischen Soll- und Habenseite. Eine so ermittelte Differenz wird als *Saldo* bezeichnet.

Beispiel:

S	Bank		H
AB	12000	Verbind-	7000
Forde-	5000	lichkeiten	
rungen			
Kasse	3000		

Die Summe der Sollseite beträgt bei diesem Konto 20000 DM, die der Habenseite 7000 DM. Als Saldo ergeben sich 13000 DM. Da die Sollseite größer ist als die Habenseite, handelt es sich um eine Vermögensposition. Die 13000 DM sind deshalb auf die Aktivseite der Schlußbilanz zu übertragen.

Der Kontenabschluß entspricht nur dann den GoB, wenn die verbleibenden Leerräume durch eine sogenannte *Buchhalternase* entwertet und die aus den Additionen der Kontenseiten resultierenden Summen unterstrichen sind.

Beispiel:

S	Bank		H
AB	12000	Verbind-	7000
Forde-	5000	lich-	
rungen		keiten	
Kasse	3000	Schluß-	13000
		bilanz	
	20000		20000

4 Erfolgsermittlung in der Buchhaltung (ohne Umsatzsteuer)

4.1 Wesen erfolgswirksamer Geschäftsfälle

Bisher wurden ausschließlich „erfolgsneutrale Geschäftsvorfälle" gebucht, bei denen immer Vermögens- und/oder Kapitalwerte getauscht wurden. Außer in den beiden Fällen der Kapitaleinlagen bzw. -entnahmen wurde das Eigenkapital der Unternehmung nie direkt berührt. Daneben gibt es jedoch eine Fülle von Geschäftsvorfällen, durch die das Eigenkapital des Unternehmens betroffen wird. Hier sind zwei Gruppen zu unterscheiden:

■ **Aufwendungen**

Die Unternehmen müssen Löhne zahlen, Mieten entrichten, Steuern und Versicherungsbeiträge abführen, Kosten für Werbung tragen usw. Derartige Positionen verringern das Eigenkapital, auch wenn sie – wie im folgenden Hauptabschnitt dargestellt – auf besonderen Konten gebucht werden. In der Buchhaltungssprache werden sie als Aufwendungen bezeichnet.

■ **Erträge**

Andererseits erzielen die Unternehmen Wertzuwächse, zum Beispiel durch Zinsgutschriften der Banken, Provisionsgutschriften, Verkaufserlöse. Hierbei handelt es sich um Erträge, die das Eigenkapital erhöhen.

Erfolgswirksame Geschäftsvorfälle sind durch Aufwendungen und Erträge gekennzeichnet.

Gewinne entstehen immer dann, wenn die Erträge die Aufwendungen übersteigen. Im umgekehrten Fall, das heißt, bei einem Überwiegen der Aufwendungen, arbeitete das betreffende Unternehmen mit Verlust.

4.2 Buchen auf Erfolgskonten

Erfolgswirksame Geschäftsvorfälle werden auf *Erfolgskonten* gebucht, die man in *Aufwandskonten* und *Ertragskonten* unterteilt. Wie bereits im vorstehenden Abschnitt dargestellt, wird durch derartige Geschäftsvorfälle das Eigenkapital verändert. Eine unmittelbare Buchung auf dem Eigenkapitalkonto ist gemäß § 242 HGB unzulässig,

– denn die große Zahl erfolgswirksamer Geschäftsvorfälle während eines Geschäftsjahres würde das Eigenkapitalkonto äußerst unübersichtlich werden lassen;

– durch die getrennt erfolgenden Buchungen der verschiedenen Aufwendungen und Erträge läßt sich eine Erfolgsanalyse sehr viel leichter durchführen, als dies bei Buchungen auf dem Kapitalkonto der Fall wäre.

Der Abschluß der Erfolgskonten geschieht letztlich auf dem Eigenkapitalkonto. Wegen dieser engen Verbindung bezeichnet man sowohl Aufwandskonten als auch Ertragskonten als Unterkonten (Vorkonten) des Kapitalkontos.

Durch die Einführung der Erfolgskonten ergibt sich eine zusätzliche Frage, die vor jeder Buchung zu prüfen ist:

– Handelt es sich um ein Aufwands- oder um ein Ertragskonto?

4.2.1 Buchen auf Aufwandskonten

Je nach Anzahl der in einem Unternehmen anfallenden Arten von Aufwendungen werden Aufwandskonten eingerichtet, zum Beispiel Konten für Löhne und Gehälter, Abschreibungen, Zinsaufwendungen, Steuern, Miet- und Pachtaufwendungen, Provisionen, Werbung und Büromaterial usw.

Die Grundregel für Aufwandbuchungen lautet:

Aufwendungen werden immer im Soll gebucht!

Beispiel:

Löhne werden bar bezahlt   2 400 DM

Wie bereits an anderer Stelle erläutert, verringern Aufwendungen das Eigenkapital. Minderungen des Kapitals werden auf dem Eigenkapitalkonto stets im Soll gebucht. Da es sich bei dem Konto „Löhne" um ein Unterkonto des Kapitalkontos handelt, müssen hier analoge Buchungen vorgenommen werden, das heißt die Aufwendungen erscheinen im Soll.

Aber auch aus der praktischen Buchungsarbeit läßt sich die Feststellung „Aufwendungen werden immer im Soll gebucht" leicht ableiten. Lohnzahlungen führen zu Verringerungen der Zahlungsmittel (im Beispiel des Kassenbestandes). Auf dem Konto „Kasse" muß daher im Haben gebucht werden. Da jeder Habenbuchung eine Sollbuchung in gleicher Höhe gegenüberstehen muß, kann auf dem Konto „Löhne" nur im Soll gebucht werden.

S	Kasse		H	S	Löhne		H
	Löhne	24000		Kasse	24000		

4.2.2 Buchen auf Ertragskonten

Auch hier werden je nach Bedarf verschiedene Konten eingerichtet, zum Beispiel für

- Zinserträge,
- Haus- und Grundstückserträge (Mieteinnahmen),
- Provisionserträge,
- Umsatzerlöse.

Für die Buchung von Erträgen gilt die Grundregel:

Erträge werden immer im Haben gebucht.

Beispiel:

Zinsgutschrift der Bank   240 DM.

Da das Bankguthaben um die Zinsen ansteigt, muß auf dem Konto „Bank" im Soll gebucht werden. Der gleiche Betrag erscheint auf dem Konto „Zinserträge" im Haben.

S	Bank		H	S	Zinserträge		H
Zinserträge	240					Bank	240

4.2.3 Abschluß der Erfolgskonten

Um den Geschäftserfolg erkennen zu können, muß die Differenz zwischen Aufwendungen und Erträgen ermittelt werden. Dazu ist es erforderlich, die auf den einzelnen Aufwands- bzw. Ertragskonten aufgelaufenen Beträge auf einem besonderen Konto zusammenzufassen. Dies geschieht auf dem Konto „Gewinn und Verlust" (GuV). Es nimmt auf seiner Sollseite die Salden der Aufwandskonten, auf seiner Habenseite die Salden der Ertragskonten auf. Seit dem 1. Januar 1986 enthält das HGB in § 275 Angaben über die Gliederung der Gewinn- und Verlustrechnung in Staffelform.

Beispiel:

S	Löhne und Gehälter		H
Kasse	2400	GuV	10900
Kasse	4800		
Kasse	3700		

S	Werbung		H
Bank	2000	GuV	2000

S	Büromaterial		H
Kasse	60	GuV	228
Postgiro	168		

S	Zinserträge		H
GuV	240	Bank	240

S	Provisionserträge		H
GuV	170	Bank	170

S	Gewinn und Verlust		H
Löhne und Gehälter	10900	Zinserträge	240
Werbung	2000	Provisionserträge	170
Büromaterial	228		

Die Summe der Aufwendungen beträgt 13 128 DM, die Summe der Erträge 410 DM. Dies ergibt einen Minus-Saldo von 12 718 DM. Dieser Verlust ist vom Unternehmer zu tragen. In der Buchhaltung zeigt sich das durch eine Verringerung des Eigenkapitals. Das Gewinn- und Verlustkonto ist somit ein Unterkonto des Eigenkapitalkontos. Verluste verringern das Eigenkapital und sind auf dem Eigenkapitalkonto im Soll zu buchen, während Gewinne das

Eigenkapital erhöhen und auf der Habenseite des Eigenkapitalkontos erfaßt werden.

S	Gewinn und Verlust		H
Löhne und Gehälter	10900	Zinserträge	240
Werbung	2000	Provisionserträge	170
Büromaterial	228	Eigenkapital	12718
	13128		13128

S	Eigenkapital		H
GuV	12718	Anfangsbestand	78000
Schlußbilanz	65282		
	78000		13128

In der als Beispiel aufgeführten Gewinn- und Verlustrechnung wurden die Erlöse aus Warenverkäufen nicht berücksichtigt. Sie stellen den wesentlichen Teil der Erträge von Handels- und auch von Industrie-Unternehmen dar. Wegen der Besonderheiten ihrer Behandlung in der Buchhaltung werden sie in einem eigenen Kapitel dargestellt.

5 Buchungen und Buchungssatz (ohne Umsatzsteuer)

In der Buchhaltungspraxis müssen die Angaben zu den einzelnen Buchungen so kurz wie nur möglich gehalten werden. Deshalb wurde eine Art „Telegrammsprache der Buchführung" entwickelt: der Buchungssatz.

5.1 Der einfache Buchungssatz

Werden lediglich zwei Konten bei einer Buchung benötigt, so wird dies durch einen einfachen Buchungssatz ausgedrückt. Dabei werden nur die beiden Kontenbezeichnungen genannt und durch das Wörtchen „an" verbunden, wobei die Sollbuchung zuerst zu nennen ist (Sollkonto an Habenkonto).

Beispiele:

Geschäftsvorfall:

2000 DM Bareinzahlung auf das Bankkonto.

Buchungssatz:

Bank	2000 DM	
an Kasse		2000 DM

Geschäftsvorfall:

Kunde überweist 4000 DM auf Postgirokonto.

Buchungssatz:

Postgiro	4000 DM	
an Forderungen		4000 DM

5.2 Der zusammengesetzte Buchungssatz

Sobald auf mehr als zwei Konten zu buchen ist, erfolgt die Buchungsanweisung durch einen zusammengesetzten Buchungssatz (Sollkonten an Habenkonten).

Beispiele:

Geschäftsvorfall:

Zum Ausgleich einer Lieferantenrechnung über 8000 DM (Verbindlichkeit) überweist ein Kaufmann 6000 DM vom Bankkonto und 2000 DM vom Postgirokonto.

Buchungssatz:

Verbindlichkeiten	8000 DM	
an Bank		6000 DM
an Postgiro		2000 DM

Geschäftsvorfall:

Der Bote eines Bürofachgeschäfts überbringt ein Telefaxgerät für 1250 DM und Büromaterial für 80 DM. Die Rechnung wird bar bezahlt.

Buchungssatz:

Betriebs- und Geschäftsausstattung	1250 DM	
Büromaterial	80 DM	
an Kasse		1330 DM

5.3 Lesen von Buchungssätzen

Aus jedem Buchungssatz läßt sich ohne Schwierigkeiten der auslösende Geschäftsvorfall rekonstruieren.

Buchungssatz:

Kasse	1 000 DM	
Bank	1 500 DM	
Besitzwechsel	5 000 DM	
an Forderungen		7 500 DM

Es ist leicht zu erkennen, daß eine Rechnung über 7 500 DM vom Kunden teilweise durch Barzahlung und Banküberweisung beglichen wurde, während über den Restbeitrag ein Wechsel ausgestellt wurde.

Buchungssatz:

Rohstoffe	6 800 DM	
an Kasse		1 800 DM
an Verbindlichkeiten		5 000 DM

Es wurden Rohstoffe für 6 800 DM bezogen. 1 800 DM wurden bar bezahlt; der Restbetrag von 5 000 DM steht noch offen. Diese Buchung ergab sich aus dem Geschäftsvorfall „Rohstoffeinkauf gegen bar und auf Ziel".

6 Buchung von Einkäufen und Verkäufen (ohne Umsatzsteuer)

6.1 Begriffsklärung

Der industrielle Einkauf ist dadurch gekennzeichnet, daß *Materialien* beschafft werden, aus denen dann die jeweiligen Fertigprodukte herzustellen sind. Dabei wird zwischen Rohstoffen, Fremdbauteilen, Hilfsstoffen und Betriebsstoffen unterschieden.

Rohstoffe sind Materialien, die als wesentliche Bestandteile in das Endprodukt eingehen (zum Beispiel Holz in der Möbelindustrie);

Fremdbauteile sind von außen bezogene Fertigteile, die ohne weitere Bearbeitung in die Produkte eingebaut werden (zum Beispiel Elektromotoren bei der Rasenmäherherstellung);

Hilfsstoffe gehen ebenfalls in die Endprodukte ein, ohne jedoch entscheidende Bedeutung für deren Funktionsfähigkeit zu haben (zum Beispiel Farben bei der Fahrzeugproduktion);

Betriebsstoffe sind erforderlich, um die Produktion durchzuführen und aufrechtzuerhalten (zum Beispiel Heizöl, Benzin, Reinigungsmittel).

In der Buchhaltung wird für jede dieser Stoffgruppen ein besonderes Konto geführt; allerdings werden die Fremdbauteile häufig den Rohstoffen zugerechnet.

Außer den bereits erwähnten Materialien für die Produktion beziehen viele Industriebetriebe Waren, die sie dann ohne Bearbeitung weiterveräußern. Diese meist zur Abrundung des Verkaufssortiments eingekauften Güter werden als *Handelswaren* (Waren) bezeichnet und buchhalterisch auf einem besonderen Konto erfaßt.

Als Beispiel hierfür seien die von einer Schuhfabrik bezogenen Schuhspanner erwähnt.

6.2 Einfache Einkaufs- und Verkaufsbuchungen

6.2.1 Buchung von Einkäufen

Einkaufskonten erfassen im Soll den jeweils letzten Inventurbestand sowie die Einkäufe des laufenden Geschäftsjahres. Die entsprechenden Habenbuchungen erfolgen immer auf Zahlungsmittelkonten (Kasse, Bank, Postgiro) oder/und auf Schuldenkonten (Verbindlichkeiten, Schuldwechsel).

Beispiele:

Eine Möbelfabrik kauft für 18000 DM Sperrholz auf Ziel.

Buchungssatz:

Rohstoffe	18000 DM
an Verbindlichkeiten	18000 DM

Eine Meßgerätefabrik kauft Lackfarben für 2000 DM. 1600 DM werden durch Bankscheck, 400 DM durch Postgiro beglichen.

Buchungssatz:

Hilfsstoffe	2000 DM
an Bank	1600 DM
an Postgiro	400 DM

Eine Meßgerätefabrik kauft Heizöl für 31000 DM. Dem Lieferanten wird ein Schuldwechsel übersandt.

Buchungssatz:

Betriebsstoffe	31 000 DM	
an Schuldwechsel		31 000 DM

Eine Kaffee-Großrösterei kauft Handtaschen für 20000 DM auf Ziel ein.

Buchungssatz:

Handelswaren	20000 DM	
an Verbindlichkeiten		20000 DM

6.2.2 Buchung von Warenverkäufen

Warenverkäufe erhöhen regelmäßig den Bestand an Zahlungsmitteln und/oder an Forderungen. Auf den entsprechenden Bestandskonten (Kasse, Bank, Postgiro, Forderungen, Besitzwechsel) ist daher stets eine Sollbuchung vorzunehmen. Daraus folgt, daß der jeweilige Verkaufserlös (Ertrag) auf der Habenseite des Kontos „Umsatzerlöse" erscheint.

Beispiele:

Warenverkauf auf Ziel   28 000 DM

Buchungssatz:

Forderungen	28 000 DM	
an Umsatzerlöse		28 000 DM

S	Forderungen	H	S	Umsatzerlöse	H
Umsatz- erlöse	28 000			Forde- rungen	28 000

Würden im vorstehenden Fall 5000 DM bei Lieferung bar bezahlt, so änderten sich Buchungssatz und Kontenbildung wie folgt:

Buchungssatz:

Forderungen	23000 DM	
Kasse	5000 DM	
an Umsatzerlöse		28000 DM

S	Forderungen	H	S	Umsatzerlöse	H
Umsatz- erlöse	23000			Kasse/ Forderungen	28000

S	Kasse	H
Umsatz erlöse	5000	

6.2.3 Abschluß der Einkaufs- und Verkaufskonten

Am Ende eines jeden Geschäftsjahres werden die in der Inventur ermittelten Bestände an Roh-, Hilfs-, Betriebsstoffen und Handelswaren auf das Schlußbilanzkonto übertragen.

Buchungssätze:

Schlußbilanzkonto an Rohstoffe
Schlußbilanzkonto an Hilfsstoffe
Schlußbilanzkonto an Betriebsstoffe
Schlußbilanzkonto an Handelswaren

Das Rohstoffkonto eines Industriebetriebes ergibt folgendes Bild:

S	Rohstoffe	H
Anfangsbestand	80000	
Verbindlichkeiten	40000	
Verbindlichkeiten	50000	
Verbindlichkeiten	25000	
Verbindlichkeiten	70000	

Bei der Inventur wird ein Bestand im Werte von 125000 DM ermittelt. Dieser wird mit dem

Buchungssatz:

Schlußbilanzkonto	125000 DM	
an Rohstoffe		125000 DM

gebucht. Die Addition der Aktivseite ergibt jedoch 265000 DM. Die Differenz von 140000 DM stellt den Rohstoffverbrauch während des Geschäftsjahres dar. Um das Konto „Rohstoffe" auszugleichen, muß dieser Betrag mit dem

Buchungssatz:

Rohstoffaufwendungen	140000 DM	
an Rohstoffe		140000 DM

gebucht werden (vgl. hierzu Abschnitt 9.1: Buchung des Materialverbrauchs).

Das als Beispiel angegebene Rohstoffkonto stellt sich nach dem Abschluß wie folgt dar:

S		Rohstoffe	H
Anfangsbestand	80 000	Schlußbilanzkonto	125 000
Verbindlichkeiten	40 000	Rohstoffaufwendungen	140 000
Verbindlichkeiten	50 000		
Verbindlichkeiten	25 000		
Verbindlichkeiten	70 000		
	265 000		265 000

Die Umsatzerlöse für eigene Leistungen sind die bedeutendste Ertragsart jedes Industriebetriebes. Daraus folgt, daß die Konten für die Umsatzerlöse über das Gewinn- und Verlustkonto abzuschließen sind.

Buchungssatz:

Umsatzerlöse an „Gewinn- und Verlustkonto"

6.3 Bezugskosten und Transportkosten

6.3.1 Buchung der Bezugskosten (Einkäufe)

Beim Einkauf entstehen häufig zusätzliche Aufwendungen für Frachten, Rollgeld, Zölle, Transportversicherung usw. Die Bezugskosten werden auf Unterkonten des jeweiligen Materialkontos im Soll gebucht. Die Führung eines Unterkontos „Bezugskosten" ermöglicht dem Unternehmer Aussagen über den Anteil der Bezugskosten an den Gesamteinkaufskosten. Daraus können sich betriebswirtschaftliche Überlegungen von „Abholung mit eigenen Fahrzeugen" bis hin zu „Wechsel des Lieferanten" ergeben.

Beispiel:

Rohstoffeinkauf auf Ziel   35000 DM
Bezugskosten bar   150 DM

Es sind zwei Buchungen erforderlich:

1. Buchungssatz:

Rohstoffe   35000 DM
an Verbindlichkeiten   35000 DM

2. Buchungssatz:

Bezugskosten   150 DM
an Kasse   150 DM

Die Konten für die Bezugskosten werden am Jahresende über die zugehörigen Einkaufskonten abgeschlossen. Danach weisen die Einkaufskonten die gesamten beim Einkauf entstandenen Ausgaben auf. Die durch die Buchungssätze

Rohstoffe an Bezugskosten (für Rohstoffe)
Hilfsstoffe an Bezugskosten (für Hilfsstoffe)
Betriebsstoffe an Bezugskosten (für Betriebsstoffe)
Waren an Bezugskosten (für Handelswaren)

beschriebenen Buchungen zählen zu den sogenannten vorbereitenden Abschlußbuchungen.

S	Rohstoffe	H	S	Bezugskosten	H
Anfangsbestand	15 000		Kasse	150	Rohstoffe 260
Verbindlichkeiten	35 000		Kasse	110	
Verbindlichkeiten	25 000			260	260
Bezugskosten	260				

Die Einkaufskonten können erst abgeschlossen werden, nachdem die vorstehenden Buchungen durchgeführt wurden.

6.3.2 Buchung der Transportkosten (Verkäufe)

Die beim Warenverkauf anfallenden Transportkosten entstehen durch

- Transporte, die mit eigenen Kraftwagen und eigenem Personal ausgeführt werden;

- Transporte, die von anderen Unternehmen (Spediteuren, Frachtführern) gegen Entgelt übernommen werden.

Die Kosten der durch Betriebsangehörige ausgeführten Transporte werden in der Regel nicht gesondert erfaßt. Löhne, Gehälter, Benzinkosten usw. werden auf den Konten gebucht, auf denen auch die entsprechenden Kosten der anderen Betriebsbereiche erscheinen.

Die Ausgaben für Warentransporte durch Betriebsfremde werden auf einem Aufwandskonto „Transportkosten" gesammelt. Wie alle Aufwandskonten wird es über das Gewinn- und Verlustkonto abgeschlossen. Die in diesem Zusammenhang anfallenden Buchungssätze sind:

Transportkostenkonto an Zahlungsmittelkonto (Bank, Kasse usw.)
GuV an Transportkostenkonto.

6.4 Rücksendungen und Gutschriften

6.4.1 Rücksendungen an Lieferer

Durch Rücksendungen an Lieferanten sowie auf Grund von Gutschriften (zum Beispiel wegen Mängelrügen) werden die Einstandspreise der bezogenen Materialien vermindert. Die notwendige Korrektur erfolgt durch eine Habenbuchung auf einem Einkaufskonto sowie durch eine Sollbuchung auf dem Konto „Verbindlichkeiten". Der Buchungssatz „Verbindlichkeiten an Rohstoffe" bewirkt die Umkehrung der beim Eintreffen der Sendung ausgelösten Buchung. Eine derartige Buchung, bei der einfach die Kontenseiten vertauscht werden, nennt man eine Stornobuchung. Sie schafft auch die Möglichkeit, falsche Buchungen zu neutralisieren.

Beispiel:

Auf eine Rohstofflieferung über 40 000 DM wird ein Preisnachlaß von 15 Prozent wegen einer Mängelrüge gewährt.

Buchungssatz:

Verbindlichkeiten	6 000 DM	
an Rohstoffe		6 000 DM

S	Rohstoffe		H	S	Verbindlichkeiten		H
Verbindlichkeiten	40 000	Verbindlichkeiten	6 000	Rohstoffe	6 000	Rohstoffe	40 000

Aus den Salden der beiden Konten ist ersichtlich, daß lediglich Material im Wert von 34 000 DM beim Käufer verblieben ist und daß eine Verbindlichkeit in gleicher Höhe besteht.

6.4.2 Buchung beim Verkauf

Warenrücksendungen und Preisnachlässe wegen Mängelrügen vermindern die Verkaufserlöse und die gegenüber den Kunden bestehenden Forderungen. Die auf den entsprechenden Konten ausgewiesenen Beträge müssen daher korrigiert werden. Dies geschieht meist über das Konto „Erlösberichtigungen", einem Unterkonto des Kontos „Umsatzerlöse". Aus diesem Konto kann der Kaufmann erkennen, welcher Anteil seiner Umsätze von den Kunden beanstandet wurde. Aus dieser Kenntnis kann er entsprechende Maßnahmen in Fertigung, Fertigungskontrolle, Versandabteilung usw. ableiten.

Beispiel:

Ein Kunde schickt unbrauchbare Ware im Wert von 3 000 DM zurück.

Buchungssatz:

Erlösberichtigungen	3 000 DM	
an Forderungen		3 000 DM

Am Jahresende muß das Konto „Erlösberichtigungen" über das Konto „Umsatzerlöse" abgeschlossen werden, das dann den „tatsächlichen Umsatz" ausweist.

Buchungssatz:

Umsatzerlöse an Erlösberichtigungen

S	Erlösberichtigungen	H	S	Umsatzerlöse	H
Forderungen	3 000	Umsatzerlöse 3 000	Erlösberichtigungen 3 000 ⟷	Forderungen	80 000
				Forderungen	140 000
				Forderungen	17 000

6.5 Buchung von Rabatten, Boni, Skonti

6.5.1 Gründe für Preisnachlässe

Unterschiedliche Einstandspreise bzw. Verkaufserlöse können unter anderem auch dadurch begründet sein, daß bei sonst gleichen Bedingungen Rabatte oder Boni eingeräumt bzw. Skonti ausgenutzt werden.

Rabatte sind bereits bei der Rechnungserstellung berücksichtigte Preisnachlässe, die bei Vorliegen bestimmter Voraussetzungen (große Abnahmemengen, langjährige Geschäftsverbindung, Geschäftsjubiläum, Kunde ist Wiederverkäufer) gewährt werden.

Boni sind nachträgliche Preisnachlässe, die dann eingeräumt werden, wenn in vereinbarten Zeiträumen (zum Beispiel Monat, Quartal, Halbjahr, Jahr) vorher festgelegte Umsatzhöhen überschritten werden.

Boni werden häufig gestaffelt, zum Beispiel

ab	25 000 DM Umsatz	ein	Prozent Bonus,
ab	50 000 DM Umsatz	zwei	Prozent Bonus,
ab	75 000 DM Umsatz	drei	Prozent Bonus,
ab	100 000 DM Umsatz	fünf	Prozent Bonus.

Boni dürfen nicht mit nachträglichen Gutschriften wegen Mängelrügen verwechselt werden, obwohl sie sich finanziell in gleicher Weise auswirken.

Skonti sind dem Käufer zugebilligte Abzüge vom Rechnungsbetrag, wenn innerhalb vereinbarter Fristen gezahlt wird.

Rabatte, Boni und Skonti sind grundsätzlich Vereinbarungssache zwischen den Geschäftspartnern. Daran ändert auch die Tatsache nichts, daß in einigen Branchen „einheitliche Lieferungs- und Zahlungsbedingungen" bestehen.

6.5.2 Buchhalterische Behandlung von Rabatten

Bei der Rechnungserteilung gewährte Rabatte werden nicht gebucht. Der Listenpreis (Bruttowarenwert) wird um den Rabattbetrag verringert. Der sich dann ergebende Nettowarenwert geht als Forderung beim Warenverkauf bzw. als Verbindlichkeit beim Wareneinkauf in die Buchhaltung ein.

Beispiel:

Listenpreis für Reinigungsmaterial	7 500 DM
– 20 Prozent Mengenrabatt	1 500 DM
Nettowarenwert	6 000 DM

Buchungssatz beim Verkäufer (Händler):

Forderungen	6000 DM	
an Warenverkauf		6000 DM

Buchungssatz beim Käufer:

Betriebsstoffe	6000 DM	
an Verbindlichkeiten		6000 DM

6.5.3 Buchung von Boni und Skonti

Bei Boni und Skonti wird zwischen Kunden gewährten Nachlässen (Erlösberichtigungen) und von Lieferanten eingeräumten Nachlässen unterschieden.

Beispiel 1:

Einem Kunden wird am Halbjahresende die vereinbarte Umsatzvergütung von drei Prozent auf den Umsatz von 92000 DM gutgeschrieben.

Buchungssatz:

Erlösberichtigungen	2760 DM	
an Forderungen		2760 DM

Beispiel 2:

Ein Kunde begleicht eine Rechnung über 2 600 DM durch Banküberweisung unter Abzug von zwei Prozent Skonto.

Buchungssatz:

Bank	2548 DM	
Erlösberichtigungen	52 DM	
an Forderungen		2600 DM

Beispiel 3:

Ein Rohstofflieferant schickt eine Gutschriftanzeige über 260 DM als Vergütung für den hohen Umsatz des vergangenen Monats.

Buchungssatz:

Verbindlichkeiten	260 DM	
an Nachlässe für Rohstoffe		260 DM

Beispiel 4:

Eine Lieferantenrechnung (Hilfsstoffe) über 2 400 DM wird unter Abzug von drei Prozent Skonto durch Postgirozahlung ausgeglichen.

Buchungssatz:

Verbindlichkeiten	2400 DM	
an Postgiro		2328 DM
an Nachlässe für Hilfsstoffe		72 DM

Die Konten für Erlösberichtigungen und Einstandspreiskorrekturen werden über die Einkaufs- bzw. Verkaufskonten abgeschlossen.

7 Buchung der Umsatzsteuer

7.1 Begriffsklärung

Bei der *Umsatzsteuer* handelt es sich um eine Verkehrssteuer, die vom Endverbraucher zu tragen ist. Steuerschuldner sind allerdings die Unternehmer, die die Umsatzsteuerbeträge unter der Bezeichnung „Umsatzsteuer" in die Verkaufserlöse einrechnen.

Nach dem Umsatzsteuergesetz sind folgende Vorgänge umsatzsteuerpflichtig (steuerbare Umsätze):

- Warenlieferungen und sonstige Leistungen, die ein Unternehmen im Erhebungsland gegen Entgelt ausführt. Beispiele: Verkauf einer Schreibmaschine, Reparatur eines Fernsehapparates, Vermittlung eines Vertragsabschlusses.

- Eigenverbrauch und unentgeltliche Leistungen an Anteilseigner. Beispiel: Ein Lebensmittelhändler entnimmt seinen Privatbedarf aus den Warenbeständen seines Geschäftes.

- Einfuhren in die Bundesrepublik. Beispiel: Fotoapparate werden aus Japan eingeführt.

7.2 Ermittlung der Steuerschuld (Zahllast)

Von einigen Ausnahmen abgesehen, muß die Umsatzsteuer auf allen Rechnungen gesondert ausgewiesen werden. Der Steuerbetrag wird dabei immer als Prozentsatz des gesamten Waren- bzw. Leistungswertes berechnet. In den Waren- und Leistungswerten sind jedoch auch Vorleistungen der Lieferanten enthalten, auf die bereits Umsatzsteuer entrichtet wurde. Diese „*Vorsteuer*" ist bei der Ermittlung der Steuerschuld (Zahllast) des Unternehmers von der auf den Rechnungen ausgewiesenen Umsatzsteuer abzuziehen. Besteuert wird also immer nur derjenige Teil des Waren- bzw. Leistungswertes, der von dem jeweiligen Unternehmen hinzugefügt wurde. Hieraus resultiert auch in der Umgangssprache die Bezeichnung „*Mehrwertsteuer*". Durch dieses „Verfahren" wird gewährleistet, daß auf jede Leistung nur einmal Umsatzsteuer an das Finanzamt gezahlt wird. Eine Besteuerung der Umsatzsteuer entfällt somit.

Der ab 1. Januar 1993 geltende Umsatzsteuersatz beträgt 15 Prozent, bei einigen Produkten, zum Beispiel Lebensmitteln, Verlagserzeugnissen, 7 Prozent.

Beispiel:

Rohstoffeinkauf	6000DM
+ 15% Umsatzsteuer	900DM (=Vorsteuer)
Warenverkauf	8500DM
+ 15% Umsatzsteuer	1275DM

Berechnung der Zahllast

Umsatzsteuer	1275 DM
– Vorsteuer	900 DM
Zahllast	375 DM

7.3 Buchungsvorgänge

7.3.1 Buchung der Vorsteuer

Vorsteuer fällt immer an, wenn ein Unternehmen Güter oder Leistungen von anderen Unternehmen bezieht. Dabei ist zu beachten, daß auf den Rechnungen der Lieferanten stets die Bezeichnung „Umsatzsteuer" erscheint, die dann intern in „Vorsteuer" umzuwandeln ist. Hierfür ist das Konto „Vorsteuer" einzurichten.

Beispiel:

Hilfsstoffeinkauf auf Ziel	6000 DM
15 % Umsatzsteuer	900 DM

Die auf der Habenseite auszuweisende Verbindlichkeit beträgt 6900 DM. Daraus folgt, daß das Konto „Vorsteuer" die Zugänge auf der Sollseite erfaßt.

Buchungssatz:

Hilfsstoffe	6000 DM	
Vorsteuer	900 DM	
an Verbindlichkeiten		6900 DM

S	Hilfsstoffe	H	S	Verbindlichkeiten	H
Verbind- lichkeiten	6000			Hilfsstoffe/ Vorsteuer	6900

S	Vorsteuer	H
Verbind- lichkeiten	900	

7.3.2 Buchung der anteiligen Umsatzsteuer

Umsatzsteuer fällt bei sämtlichen Verkäufen sowie unter anderem bei privaten Warenentnahmen des Unternehmers an. Sie wird auf dem Konto „Umsatzsteuer" gebucht.

Beispiel:

Warenverkauf auf Ziel	8 500 DM
15 % Umsatzsteuer	1 275 DM

Da die Forderung des Unternehmers (9 775 DM) auf der Sollseite ausgewiesen wird, ist die dem Kunden in Rechnung gestellte Umsatzsteuer auf der Habenseite zu buchen.

Buchungssatz:

Forderungen	9 775 DM	
an Umsatzerlöse		8 500 DM
an Umsatzsteuer		1 275 DM

7.3.3 Abschluß der Umsatzsteuerkonten

Die monatliche Umsatzsteuerschuld des Unternehmers (Zahllast) wird am 10. des jeweiligen Folgemonats fällig. Dabei spielt es grundsätzlich keine Rolle, ob die Kundenzahlungen bzw. die Zahlungen an die Lieferanten bereits erfolgten oder nicht. Daraus ergibt sich, daß die Konten „Vorsteuer" und „Umsatzsteuer" monatlich abzuschließen sind, um die Zahllast zu ermitteln.

Der Abschluß der Umsatzsteuerkonten erfolgt in drei Stufen:

a) Ermittlung der gesamten Vorsteuer des vorangegangenen Monats (Saldo Konto „Vorsteuer");

b) Buchung dieses Saldos auf das Konto „Umsatzsteuer";

Buchungssatz:

Umsatzsteuer an Vorsteuer

c) Ermittlung der Zahllast (Saldo des Kontos „Umsatzsteuer")

S	Vorsteuer		H	S	Umsatzsteuer		H
Verbindlichkeiten	18 000	Umsatzsteuer	30 000	Vorsteuer	30 000	Forderungen	30 000
Verbindlichkeiten	22 500						

Die Zahllast wird an das Finanzamt überwiesen.

Buchungssatz:

Umsatzsteuer 370 DM
an Bank 370 DM

Es ist auch möglich, daß die während eines Monats gezahlte Vorsteuer höher ist als die durch Umsatzerlöse bedingte Umsatzsteuer. Dies ist zum Beispiel nach größeren Investitionen der Fall.

Beispiel:

Die Umsatzerlöse des Monats Oktober betragen 200 000 DM netto, daraus ergeben sich 30 000 DM Umsatzsteuer. Die Summe der Einkäufe im Oktober beträgt 120 000 DM netto, dieser Betrag führt zu 18 000 DM Vorsteuer. Im Oktober erwirbt das Unternehmen außerdem einen LKW für 150 000 DM netto, daraus ergeben sich 22 500 DM Vorsteuer.

S	Vorsteuer	H	S	Umsatzsteuer	H
Verbindlichkeiten	18000			Forderungen	30000
Verbindlichkeiten	22500				

Die Vorsteuer ist um 10500 DM höher als die Umsatzsteuer. Es handelt sich um einen „Vorsteuer-Überhang".

Buchung:

Umsatzsteuer an Vorsteuer   30000 DM

S	Vorsteuer	H	S	Umsatzsteuer	H
Verbindlichkeiten	18 000	Umsatzsteuer 30 000	Vorsteuer 30 000	Forderungen	30 000
Verbindlichkeiten	22 500				

Dieser Vorsteuer-Übergang ist eine Forderung der Unternehmung gegenüber dem Finanzamt. Bei Eintreffen des Betrages lautet der

Buchungssatz:

Bank an Vorsteuer   10500 DM

7.3.4 Die Umsatzsteuer am Ende des Geschäftsjahres

Wegen des Steuertermins 10. Januar wird die Umsatzsteuerschuld in der betrieblichen Praxis am Ende des Geschäftsjahres noch nicht an das Finanzamt abgeführt. In diesem Fall muß die Zahllast als eine sonstige Verbindlichkeit in der Bilanz ausgewiesen werden.

Buchungssatz:

Umsatzsteuer an Schlußbilanzkonto.

Zu Beginn des folgenden Geschäftsjahres wird der in die Schlußbilanz gestellte Betrag aus der Eröffnungsbilanz auf das neu eingerichtete Konto „Umsatzsteuer" übertragen.

Buchungssatz:

Eröffnungsbilanzkonto an Umsatzsteuer.

Mit dem Vorsteuer-Überhang muß entsprechend verfahren werden; er ist als sonstige Forderung in die Schlußbilanz zu übernehmen.

Buchungssatz:

Schlußbilanzkonto an Vorsteuer.

Am Jahresanfang wird bei der Auflösung der Eröffnungsbilanz in Konten das Konto „Vorsteuer" mit dem Vorsteuer-Überhang als Anfangsbestand eingerichtet.

7.3.5 Korrekturbuchungen

Warenrücksendungen und Gutschriften verringern beim Wareneinkauf die mit Vorsteuer verbundenen Einstandspreise und beim Warenverkauf die steuerpflichtigen Warenumsätze. Die auf der Grundlage der ursprünglichen Ein- bzw. Verkaufspreise errechneten Umsatzsteuerbeträge sind somit überhöht und müssen korrigiert werden. Diese Berichtigung erfolgt durch eine Art Stornobuchung. Aus der Zahl möglicher Umsatzsteuerkorrekturen werden vier exemplarisch aufgezeigt.

Beispiele:

Warenverkauf auf Ziel: Warenwert 30000 DM, 15 Prozent Umsatzsteuer

Buchungssatz:

Forderungen	34500 DM	
an Warenverkauf		30000 DM
an Umsatzsteuer		4500 DM

Wegen einer Mängelrüge wird eine Gutschrift von 20 Prozent gewährt.

Buchungssatz:

Erlösberichtigungen	6000 DM	
Umsatzsteuer	900 DM	
an Forderungen		6900 DM

Rohstoffeinkauf für 45000 DM, 15 Prozent Umsatzsteuer

Buchungssatz:

Rohstoffe	45000 DM	
Vorsteuer	6750 DM	
an Verbindlichkeiten		51750 DM

Es erfolgt eine Gutschrift, weil Rohstoffe für 2000 DM versehentlich doppelt berechnet wurden.

Buchungssatz:

Verbindlichkeiten	2300 DM	
an Rohstoffe		2000 DM
an Vorsteuer		300 DM

Auf weitere Fälle, bei denen ebenfalls Umsatzsteuerkorrekturen erforderlich sind, sei hier nur hingewiesen: Begleichung von Rechnungen unter Skontoabzug; Diskontierung von Wechseln und anderes mehr.

8 Das Privatkonto

8.1 Notwendigkeit des Privatkontos

In Einzelunternehmungen und Personengesellschaften entnehmen die Eigentümer häufig Geld für private Zwecke aus der Geschäftskasse, benutzen das Geschäftsauto auch für Privatfahrten, holen Waren für den Privathaushalt aus dem Lager usw. Alle derartigen Vorgänge verringern das Eigenkapital. Auch Privateinnahmen laufen gelegentlich über die Geschäftskasse bzw. die Geschäftskonten. Ebenso wie durch andere private Einlagen wird dadurch das Eigenkapital erhöht.

Privatentnahmen und Privateinlagen in Geld sind erfolgsneutral und stellen, da sie nichts mit dem Unternehmenszweck zu tun haben, weder Aufwendungen noch Erträge dar.

Um jederzeit während des Geschäftsjahres die Höhe der Privatentnahmen bzw. -einlagen feststellen zu können, erfolgen sämtliche Buchungen auf einem speziellen Unterkonto des Kapitalkontos, dem sogenannten *Privatkonto*. Das Privatkonto wird am Jahresende direkt über das Eigenkapitalkonto abgeschlossen.

8.2 Buchungen auf dem Privatkonto

Auf der Sollseite des Privatkontos werden die Privatentnahmen, auf der Habenseite die Privateinlagen gebucht. Dabei ist zu beachten, daß Privatentnahmen in Waren umsatzsteuerpflichtig sind.

Beispiele:

Die Einkommensteuer des Inhabers wird durch Banküberweisung beglichen, 2416 DM.

Buchungssatz:

Privat	2416 DM	
an Bank		2416 DM

Ein Bekannter des Geschäftsinhabers zahlt 500 DM geliehenes Geld bar zurück.

Buchungssatz:

Kasse	500 DM	
an Privat		500 DM

Warenentnahme für den Privathaushalt, Warenwert 600 DM, Umsatzsteuer 90 DM.

Buchungssatz:

Privat	690 DM	
an Umsatzerlöse		600 DM
an Umsatzsteuer		90 DM

Das Privatkonto kann am Jahresende höhere Beträge sowohl auf der Soll- als auch auf der Habenseite aufweisen. Daraus folgt, daß beim Abschluß zwei Buchungssätze möglich sind.

Beispiel 1:

S	Privat		H
Kasse	600	Bank	700
Bank	1350		
Bank	2400		

Im vorstehenden Fall wurden privat 3650 DM mehr entnommen als eingezahlt.

Mit dem *Buchungssatz:*

Eigenkapital 3650 DM
an Privat 3650 DM

erfolgt der Abschluß des Privatkontos. Auf dem Eigenkapitalkonto zeigt sich jetzt die Verringerung des im Unternehmen befindlichen Kapitals.

S	Eigenkapital		H
Privat	3650	Anfangs-bestand	72500

Das neue Eigenkapital beträgt jetzt 68850 DM.

Beispiel 2:

S	Privat		H
Bank	2000	Bank	15000
Waren	500		
Kasse	300		

Die private Einzahlung ist um 12200 DM höher als die Privatentnahmen. Das Eigenkapital hat sich erhöht.

Buchungssatz:

Privat 12200 DM
an Eigenkapital 12200 DM

9 Buchung von Aufwendungen

9.1 Buchung des Materialverbrauchs

Die Konten für Rohstoffe, Hilfsstoffe und Betriebsstoffe geben keinen Aufschluß über den Stoffverbrauch bzw. den Verkauf von Handelswaren zu Einkaufspreisen. Diese Zahlen können auf zwei Arten ermittelt werden:

■ **Laufende Buchungen bei jeder Materialentnahme**

Voraussetzung für diese Methode der Verbrauchserfassung ist, daß für jede Entnahme ein Material-Entnahmeschein ausgestellt und in der Lagerbuchführung erfaßt wird.

■ **Inventur am Ende des Geschäftsjahres**

Der *Materialverbrauch* wird nach folgender Formel ermittelt:

Anfangsbestand	17 000 DM
+ Zugänge	46 000 DM
	63 000 DM
− Inventurbestand	9 500 DM
Materialverbrauch	53 500 DM

Nachdem der Materialverbrauch aufgrund von Entnahmescheinen oder durch Inventur festgestellt wurde, werden die Bestandskonten korrigiert. Dies erfolgt über die Konten Rohstoffaufwendungen, Hilfsstoffaufwendungen und Betriebsstoffaufwendungen.

Beispiel:

In einer Möbelfabrik wird für 30000 DM Sperrholz gegen Entnahmeschein aus dem Lager entnommen.

Buchungssatz:

Rohstoffaufwendungen	30000 DM	
an Rohstoffe		30000 DM

Bei der Buchung des Hilfsstoff- und des Betriebsstoffverbrauches wird ebenso verfahren. Die Abgänge an Handelswaren werden direkt auf das Konto „Umsatzerlöse" übertragen.

Durch die Inventur wird am Ende eines jeden Geschäftsjahres festgestellt, welche Materialbestände sich noch am Lager befinden. Diese werden dann auf das Schlußbilanzkonto gebucht.

Beispiel:

Die Inventur eines Industriebetriebes ergab folgende Bestände: Rohstoffe 170000 DM, Hilfsstoffe 38000 DM, Betriebsstoffe 12000 DM.

Buchungssätze:

Schlußbilanzkonto	170000 DM	
an Rohstoffe		170000 DM
Schlußbilanzkonto	38000 DM	
an Hilfsstoffe		38000 DM
Schlußbilanzkonto	12000 DM	
an Betriebsstoffe		12000 DM

Die Konten „Rohstoffaufwendungen", „Hilfsstoffaufwendungen" und „Betriebsstoffaufwendungen" sind über das Gewinn- und Verlustkonto abzuschließen.

Beispiel:

S	Rohstoffaufwendungen		H
Rohstoffe	60 000		
Rohstoffe	29 000		
Rohstoffe	53 000		
Rohstoffe	18 000		

Aus dem Konto „Rohstoffaufwendungen" ist ersichtlich, daß für insgesamt 160 000 DM Rohstoffe in die Fertigung gegeben wurden. Dieser Betrag wird auf das Gewinn- und Verlustkonto übertragen.

Buchungssatz:

Gewinn- und Verlustkonto   160 000 DM
an Rohstoffaufwendungen   160 000 DM

Unter Einbeziehung des Rohstoff- und des Schlußbilanzkontos ergibt sich folgendes Kontenbild:

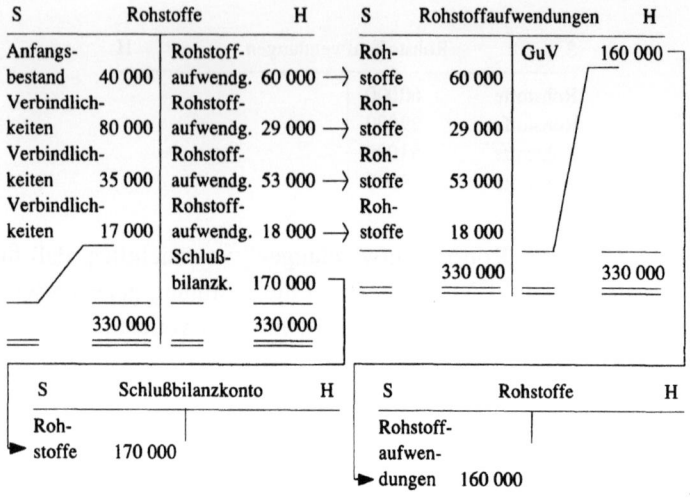

9.2 Buchung der Personalaufwendungen

9.2.1 Buchung des Arbeitsentgelts

Der Buchungssatz „Löhne und Gehälter an Bank" ist im Prinzip richtig; in ihm kommt jedoch nicht zum Ausdruck, daß nicht der volle Lohn ausgezahlt wird, weil der Arbeitgeber gesetzlich zur Einbehaltung von Lohnsteuer, eventuell Kirchensteuer, und von Sozialversicherungsbeiträgen verpflichtet ist. Es gilt also das Prinzip der *Nettolohnbuchung*.

Beispiel (in runden Beträgen):

Bruttogehalt des Angestellten Tietze	3 645 DM
·/· Lohnsteuer	655 DM
·/· Kirchensteuer (neun Prozent der Lohnsteuer)	60 DM
·/· Sozialversicherung (Arbeitnehmeranteil)	637 DM
Nettogehalt	2 293 DM

Das Nettogehalt von 2 293 DM wird dem Angestellten überwiesen bzw. ausgezahlt. Lohnsteuer, Kirchensteuer sowie der Arbeitnehmeranteil der Sozialversicherung (insgesamt 1 352 DM) werden von dem Unternehmen einbehalten und auf dem Konto „noch abzuführende Abgaben" gesammelt.

Buchungssatz:

Gehälter	3 645 DM	
an Bank		2 293 DM
an noch abzuführende Abgaben		1 352 DM

In der Buchführungspraxis werden vielfach für die noch abzuführenden Abgaben mehrere Konten geführt:

- einbehaltene Lohn- und Kirchensteuer (Verbindlichkeiten gegenüber dem Finanzamt),

- einbehaltene Sozialversicherungsbeiträge (Verbindlichkeiten gegenüber Sozialversicherungsträgern).

Auch die Kontenbezeichnung „sonstige Verbindlichkeiten" ist gebräuchlich.

9.2.2 Buchung des Arbeitgeberanteils

Auch die vorstehende Buchung ist noch nicht vollständig. Der Arbeitgeber ist durch Gesetz verpflichtet, 50 Prozent der Sozialversicherungsbeiträge zu übernehmen. Zu den vom Bruttolohn einbehaltenen 637 DM muß der Unternehmer für den Angestellten Tietze nochmals den gleichen Betrag abführen.

Buchungssatz:

Arbeitgeberanteil zur Sozialversicherung   637 DM
an noch abzuführende Abgaben   637 DM

Auf dem Konto „noch abzuführende Abgaben" sind jetzt alle Beträge enthalten, die vom Arbeitgeber für seine Arbeitnehmer an das Finanzamt bzw. die Sozialversicherungsträger zu überweisen sind. Erfolgt diese Überweisung durch die Bank, so ergibt sich der

Buchungssatz:

Noch abzuführende Abgaben an Bank.

Werden statt des Kontos „noch abzuführende Abgaben" mehrere Konten geführt, so ergibt sich folgende Buchung:
Verbindlichkeiten gegenüber   715 DM
dem Finanzamt
Verbindlichkeiten gegenüber   1 274 DM
Sozialversicherungsverträgern
an Bank   1 989 DM

9.2.3 Buchung von Vorschüssen

Vorschüsse auf das Arbeitsentgelt bedeuten, daß dem Arbeitnehmer Arbeitslohn gezahlt wird, auf den er zum Zeitpunkt der Auszahlung noch keinen Rechtsanspruch besitzt. Das Unternehmen erwirbt somit bis zum Lohn- bzw. Gehaltstermin eine Forderung gegenüber seinem Mitarbeiter. Zur Unterscheidung von Forderungen aus Warenlieferungen werden Vorschüsse auf dem Konto „Forderungen an Mitarbeiter" gebucht.

Beispiel:

Der Angestellte Tietze erhält von seinem Unternehmen am 10. 4. einen Barvorschuß von 300 DM.

Buchungssatz:

Forderungen an Mitarbeiter   300 DM
an Kasse   300 DM

Vorschüsse werden mit späteren Lohn- bzw. Gehaltszahlungen verrechnet. Dabei wird der an den Arbeitnehmer auszuzahlende oder zu überweisende Betrag um den Vorschuß gekürzt.

9.3 Buchung der Steuern

Die in Unternehmen anfallenden Steuern lassen sich unter buchhalterischen Gesichtspunkten in folgende fünf Gruppen einteilen:

– betriebliche Steuern,

– private Steuern (bei Einzelunternehmen und den Gesellschaftern von Personalgesellschaften),

– nicht absetzbare Steuern (bei Kapitalgesellschaften),

– Steuern als Anschaffungsnebenkosten,

– Steuern als durchlaufende Posten.

9.3.1 Buchung der betrieblichen Steuern

Hierzu zählen Gewerbesteuer, Grundsteuer und Kraftfahrzeugsteuer. Diese Steuerarten stellen für das buchende Unternehmen Aufwand dar und werden deshalb auf entsprechenden Konten gebucht. Je nach Unternehmensgröße werden für jede Steuerart Konten eingerichtet bzw. mehrere (weniger anfallende) Steuern auf dem Konto „Sonstige Steuern" zusammengefaßt.

Beispiel:

Banküberweisung von 7200 DM für Grundsteuer

Buchungssatz:

Grundsteuer	7200 DM	
an Bank		7200 DM

9.3.2 Buchung der Privatsteuern

Werden Einkommen-, Kirchen-, Vermögensteuer usw. für Einzelunternehmer oder Mitinhaber von Personengesellschaften durch das jeweilige Unternehmen beglichen, so muß auf den Privatkonten gebucht werden.

Beispiel:

Es werden 345 DM Kraftfahrzeugsteuer für den Privatwagen des Geschäftsinhabers an das Finanzamt überwiesen.

Buchungssatz:

Privat	345 DM	
an Bank		345 DM

9.3.3 Steuern als nicht absetzbare Betriebsausgaben

Hierzu zählen bei Kapitalgesellschaften (AG, GmbH) die Körperschaftsteuer und die Vermögensteuer. Diese Steuern dürfen nicht abgesetzt werden und wirken steuerlich nicht gewinnschmälernd (§ 12 Nr. 3 EStG).

9.3.4 Buchung von Steuern als Anschaffungsnebenkosten

Die beim Grundstückserwerb anfallende Grunderwerbsteuer muß auf das jeweilige Anlagekonto gebucht werden.

Beispiel:

Beim Erwerb eines Baugrundstückes für 350000 DM fallen zwei Prozent Grunderwerbsteuer an. Die entsprechende Banküberweisung erfolgt nach dem Eintreffen des Steuerbescheids.

Buchungssatz:

Grundstücke	7000 DM	
an Bank		7000 DM

9.3.5 Buchung durchlaufender Posten

In diesem Zusammenhang sind Umsatzsteuer, Lohn- und Kirchensteuer zu nennen. Die entsprechenden Buchungen wurden in den Abschnitten „Buchung der Umsatzsteuer (Mehrwertsteuer)" und „Buchung der Personalaufwendungen" behandelt.

9.4 Buchung der Abschreibungen

9.4.1 Wesen der Abschreibungen

Sämtliche Produktionsmittel im weiteren Sinne verlieren im Zeitablauf ständig an Wert. Diese Wertminderungen werden im Normalfall verursacht durch

- **R**uhenden Verschleiß, **R**
- **A**blauf von Rechten (zum Beispiel Patenten), **A**
- **S**ubstanzabbau (zum Beispiel in Bergwerken), **S**
- **T**echnischen Verschleiß. **T**

Daneben gibt es eine Reihe von Gründen, die zu nicht vorhersehbaren Verringerungen der Vermögenswerte führen. Hierzu zählen technischer Fortschritt, Modewechsel, Bedarfsverschiebung, Preisverfall, Katastrophen. In allen Fällen werden die „früheren" Bilanzwerte durch die Abschreibungen korrigiert. Durch die regelmäßigen (jährlichen) Abschreibungen werden die Anschaffungs- bzw. Herstellungskosten auf die voraussichtliche Nutzungsdauer verteilt. Aus der Zahl möglicher Rechtfertigungsgründe für Abschreibungen werden nachstehend zwei als Beispiele herausgegriffen:

- Abschreibungen werden vom Gesetzgeber gefordert, da „die Bücher" unter anderem wegen des Gläubigerschutzes keine überhöhten Vermögenswerte ausweisen dürfen.

- Die Wertminderungen entstehen unter anderem durch die Herstellung von Gütern. Die Abschreibungen müssen daher diesen Produkten bei der Preiskalkulation als Kosten zugeschlagen werden.

9.4.2 Arten der Abschreibungen

Abschreibungen werden nach verschiedenen Gesichtspunkten eingeteilt:

■ **Einteilung nach dem Abschreibungsgegenstand**

Hier ist zwischen Abschreibungen auf Güter des Anlagevermögens und den gemäß §§ 6 ff. des Einkommensteuergesetzes vorzunehmenden Abschreibungen auf Forderungen zu unterscheiden.

■ **Einteilung nach der Abschreibungsmethode**

Lineare Abschreibung

Es werden jährlich gleichbleibende Beträge abgeschrieben. Diese werden mittels Division der Anschaffungskosten durch die voraussichtliche Nutzungsdauer ermittelt.

Beispiel:

Anschaffungskosten: 18 000 DM, 100 Prozent;
voraussichtliche Nutzungsdauer: 5 Jahre;
jährliche Abschreibung: 3 600 DM, 20 Prozent.

In der Praxis wird regelmäßig der Prozentsatz angegeben, mit dem die Wirtschaftsgüter abzuschreiben sind (*Abschreibungssatz*). Er ergibt sich durch Division von 100 durch die voraussichtliche Nutzungsdauer. Im obigen Beispiel beträgt der Abschreibungssatz 20 Prozent.

Degressive Abschreibung

Jährlich wird ein gleichbleibender Prozentsatz vom jeweiligen Restbuchwert abgeschrieben; dadurch verringern sich die Abschreibungsbeträge von Jahr zu Jahr.

Beispiel:

Eine Maschine für 20000 DM ist mit 20 Prozent degressiv abzuschreiben.

Jahr	Abschreibung	Restbuchwert
1	4000	16000
2	3200	12800
3	2560	10240
4	2048	8192
5	1638	6554
6	1311	5243
7	1049	4194
8	839	3355
9	671	2684

■ **Einteilung nach der Buchungstechnik**

Es ist zwischen *direkter* und *indirekter Abschreibung* zu unterscheiden. Bei der direkten Abschreibung wird das jeweilige Anlagenkonto (Forderungskonto) bei jeder Abschreibungsbuchung berührt. Die insbesondere bei Forderungen übliche indirekte Abschreibung sammelt dagegen die Abschreibungsbeträge auf einem besonderen Konto; das Forderungskonto wird erst dann herangezogen, wenn die Forderung erlischt.

9.4.3 Buchung der Abschreibungen auf Güter des Anlagevermögens

Abschreibungen sind Aufwendungen. Die Buchung auf dem Konto „Abschreibungen" erfolgt daher immer im Soll. Das Gegenkonto ist das jeweilige Anlagekonto.

■ **Direkte Abschreibung**

Bei der direkten Abschreibung werden lediglich zwei Konten betroffen; es sind dies „Abschreibungen auf Sachanlagen" und „Maschinen" (bzw. „Betriebs- und Geschäftsausstattung").

Buchungssatz:

Abschreibungen auf Sachanlagen an Maschinen

Beispiel:

Eine Maschine für 25 000 DM soll in fünf Jahren direkt und linear abgeschrieben werden.

Jahr	Abschreibung	Restbuchwert
0	–	25 000
1	5 000	20 000
2	5 000	15 000
3	5 000	10 000
4	5 000	5 000
5	4 999	1

Solange eine Maschine noch nicht ausgeschieden ist, muß sie in den Büchern geführt werden, auch wenn die vorgesehene Abschreibungsdauer bereits überschritten ist. Im letzten planmäßigen Abschreibungsjahr wird deshalb ein Betrag von 1 DM als sogenannter Erinnerungswert nicht abgeschrieben. Wird die betreffende Maschine dann zu einem späteren Zeitpunkt verschrottet oder verkauft, so wird der Erinnerungswert ausgebucht.

Die direkte Abschreibungsmethode ist einfach zu handhaben. Nachteilig ist jedoch, daß weder der Anschaffungswert noch die bereits erfolgten Abschreibungen aus dem Anlagekonto ersehen werden können. Diese Auskünfte wurden den Anlagekarten (Nebenbuch) entnommen.

■ **Indirekte Abschreibung**

Das Wesen der indirekten Abschreibung wird im Abschnitt 9.4.4 „Buchung der Abschreibungen auf Forderungen" behandelt.

■ **Abschreibung auf geringwertige Güter des Anlagevermögens**

Unter der Voraussetzung, daß die Anschaffungskosten eines beweglichen und abnutzbaren Wirtschaftsgutes des Anlagevermögens 800 DM ohne Umsatzsteuer nicht übersteigen, können diese Kosten im Anschaffungsjahr voll abgeschrieben werden. Dies gilt auch dann, wenn diese Güter dem Unternehmen mehrere Jahre zur Verfügung stehen.

Wurde eine derartige Abschreibung unterlassen, so kann sie in einem der folgenden Jahre nicht nachgeholt werden (Nachholverbot).

Liegen die Anschaffungskosten eines Wirtschaftsgutes unter 100 DM, so können diese bereits bei der Anschaffung als Aufwand gebucht werden.

Beispiel:

Im Laufe des Geschäftsjahres wurden für insgesamt 15 300 DM geringwertige Güter des Anlagevermögens gekauft.

Buchung am Jahresende:

Abschreibungen	15 300 DM	
an geringwertige Vermögens- gegenstände des Anlagevermögens		15 300 DM

9.4.4 Buchung der Abschreibungen auf Forderungen

■ Buchung zweifelhafter Forderungen

Sobald zu befürchten ist, daß ein Kunde seine Schulden nicht begleichen kann, wird die entsprechende Forderung in voller Höhe auf das Konto „Zweifelhafte Forderungen" umgebucht.

Buchungssatz:

Zweifelhafte Forderungen an Forderungen

Diese Aussonderung stellt noch keine Abschreibung dar. Durch sie wird lediglich auch in den Büchern offengelegt, daß hier aktuelle Verlustquellen bestehen und daß den auf diesem Konto enthaltenen Außenständen besondere Aufmerksamkeit gewidmet werden muß. Zahlt der Kunde (zum Beispiel durch Bank), so ergibt sich kein Unterschied zum Ausgleich „normaler" Forderungen (Buchungssatz: Bank an zweifelhafte Forderungen). Trifft die vermutete Insolvenz jedoch in voller Höhe oder auch nur teilweise zu oder verdichtet sich der Verdacht des Forderungsausfalls, so muß die unsichere Forderung abgeschrieben werden. Es wird eine *Einzelwertberichtigung* gebildet.

■ Abschreibungstechniken

Bei den Abschreibungen auf Forderungen wird zwischen direkter und indirekter Abschreibung unterschieden.

Buchungssatz bei direkter Abschreibung:

Abschreibungen auf Forderungen an zweifelhafte Forderungen (direkt)

Die Nachteile der direkten Abschreibung werden durch die indirekte Abschreibung ausgeschaltet. Zunächst wird das Forderungskonto durch die Abschreibungsbuchung nicht berührt. Es weist nach wie vor den Gesamtwert der Forderung aus. Als Gegenkonto für das Konto „Abschreibungen" wird das Konto „Einzelwertberichtigungen zu Forderungen" eingeführt.

Buchungssatz bei indirekter Abschreibung:

Abschreibungen auf Forderungen an Einzelwertberichtigungen zu Forderungen

Da das Forderungskonto während des Bestehens der Forderung(en) den noch ausstehenden Betrag ausweist, ist das Wertberichtigungskonto als Korrekturkonto und als passives Bestandskonto in die Bilanz aufzunehmen. Der Restwert der Forderung(en) ergibt sich aus der Subtraktion des ursprünglichen Forderungsbetrages (Konto „Forderungen") und der Summe der bisher erfolgten Abschreibungen (Konto „Einzelwertberichtigungen zu Forderungen").

In den Bilanzen von Kapitalgesellschaften sind Wertberichtigungsposten allerdings nicht gestattet.

Da die Entstehung von Forderungen aus Warenlieferungen immer mit einer Erhöhung der Umsatzsteuerschuld des Unternehmens verbunden ist, führt jeder Forderungsausfall gleichzeitig zu einer

Verringerung der Zahllast. Dies muß auch buchhalterisch berücksichtigt werden.

Beispiel:

Eine zweifelhafte Forderung über 4560 DM wird uneinbringlich und ist deshalb abzuschreiben. Die Umsatzsteuer ist folglich zu korrigieren.

In der Forderung sind 4000 DM Warenwert und 600 DM Umsatzsteuer enthalten. Die Abschreibung darf als Aufwendung lediglich den Warenwert erfassen. Buchhalterisch kann dies auf zweierlei Weise erfolgen:

1. Als Nettobuchung – die Umsatzsteuer wird sofort korrigiert;

Buchungssatz:

Abschreibungen auf Forderungen	4000 DM	
Umsatzsteuer	600 DM	
an zweifelhafte Forderungen		4600 DM

2. Als Bruttobuchung – die Umsatzsteuer wird nachträglich korrigiert;

Buchungssätze:

Abschreibungen auf Forderungen	4600 DM	
an zweifelhafte Forderungen		4600 DM
Umsatzsteuer	600 DM	
an Abschreibungen auf Forderungen		560 DM

■ **Pauschalwertberichtigungen**

Die Höhe von Forderungsausfällen läßt sich nicht exakt vorhersehen. Deshalb gestattet der Gesetzgeber die Bildung von Pauschalwertberichtigungen zu Forderungen; das sind pauschale Abschreibungen auf alle Forderungen, die nicht der Einzelabschreibung unterworfen werden. Der Abschreibungssatz wird aufgrund betrieblicher Erfahrungen, die über einen längeren Zeitraum gesammelt wurden, festgesetzt. Bei der Berechnung der Pauschalwertberichtigung muß der Forderungsbestand zunächst um die Umsatzsteuer verringert werden. Eine Korrektur der Umsatzsteuer kann jedoch erst erfolgen, wenn die exakte Höhe des Forderungsausfalles bekannt ist.

Beispiel:

Gesamtforderungen am Jahresende	287 500 DM
darin enthaltene Umsatzsteuer	37 500 DM
	250 000 DM
Fünf Prozent Pauschalwertberichtigung	12 500 DM

Buchungssatz:

Abschreibungen auf Forderungen	12 500 DM	
an Wertberichtigungen zu Forderungen		12 500 DM

9.5 Buchung weiterer Aufwendungen

Als Ergänzung seien noch einige weitere Aufwandsarten genannt, die in Industriebetrieben anfallen können:

- Aufwendungen für die Inanspruchnahme von Rechten und Diensten (zum Beispiel Mieten, Pachten, Konzessionen),

- Aufwendungen für Kommunikation (Dokumentation, Information, Reisen, Werbung),

- Aufwendungen für Beiträge und Sonstiges (zum Beispiel Versicherungsbeiträge, Verluste aus Schadensfällen),

- Aufwendungen für bezogene Leistungen (zum Beispiel Ausgangsfrachten, Vertriebsprovisionen).

Je nach der Größe der Unternehmung und dem Umfang der jeweiligen Aufwandsart können sich die Betriebe für die Einrichtung einer größeren Zahl von Spezialkonten für bestimmte Aufwendungen oder für die Zusammenfassung von artverwandten Aufwandsarten entscheiden. So ist es durchaus möglich, daß in einem kleineren Fertigungsbetrieb auf dem Konto „Aufwendungen für diverses Material" Büromaterial, Verpackungsmaterial und Reparaturmaterial zusammengefaßt sind, während in einem anderen Betrieb hierfür drei Konten eingerichtet wurden.

Buchungstechnisch bereiten diese Aufwandsarten keine besonderen Schwierigkeiten.

Beispiele:

Die Bank belastet einen Industriebetrieb mit 750 DM Darlehenszinsen.

Buchungssatz:

Zinsaufwendungen   750 DM
an Bank   750 DM

Einem Vertreter wird Provision mit einem Scheck über 1 640 DM gezahlt.

Buchungssatz:

Aufwendungen für bezogene Leistungen   1 640 DM
an Bank   1 640 DM

10 Erfolgsermittlung bei Bestandsveränderungen

10.1 Begriffsklärung

Wie bereits im Kapitel 4 dargestellt, ergibt sich der Unternehmenserfolg als Differenz zwischen Aufwendungen und Erträgen. Dabei muß allerdings bei industriellen Fertigungsbetrieben die Zahl der in einer Periode hergestellten Produkte nicht mit der Zahl der abgesetzten Produkte übereinstimmen.

Bei einem Vergleich der Produktions- und Verkaufszahlen einer Wirtschaftsperiode ergeben sich dabei zwei grundlegende Möglichkeiten:

– Der Absatz überstieg die Produktion, das heißt, ein Teil der verkauften Erzeugnisse mußte aus dem Lager entnommen werden;

– der Absatz war niedriger als die Produktion, das heißt, ein Teil der hergestellten Güter mußte auf Lager genommen werden.

In beiden Fällen haben sich die Lagerbestände verändert. Derartige Vorgange werden auf dem Konto „*Bestandsveränderungen*" gebucht.

Zur Ermittlung des Unternehmenserfolgs ohne Bestandsveränderungen (Verkaufszahlen = Produktionszahlen) sei auf die grundlegenden Ausführungen im Kapitel 4 verwiesen. In Ergänzung dazu ist lediglich festzustellen, daß als bedeutendste Position auf der Habenseite der Gewinn- und Verlustrechnung die Umsatzerlöse erscheinen.

10.2 Buchhalterische Behandlung von Bestandsveränderungen

In der industriellen Buchhaltung werden die Bestandskonten „Fertigerzeugnisse" und „Unfertige Erzeugnisse" geführt. Auf dem Konto *Fertigerzeugnisse* werden diejenigen Produkteinheiten zu Herstellkosten erfaßt, die den Fertigungsprozeß bereits durchlaufen, jedoch bis zum Ende des Wirtschaftsjahres noch keinen Abnehmer gefunden haben.

Im Gegensatz dazu nimmt das Konto *„Unfertige Erzeugnisse"* die Herstellkosten der noch in der Produktion befindlichen Güter auf. Die Zusammenfassung und Bewertung der fertigen und unfertigen Erzeugnisse erfolgt in der Regel nur innerhalb der Inventur, die entsprechenden Konten werden daher während des Geschäftsjahres kaum berührt.

Weichen die Anfangsbestände von den in der Inventur ermittelten Schlußbeständen ab, so liegen Bestandsveränderungen vor, die bei der Ermittlung des Geschäftserfolges zu berücksichtigen sind.

10.2.1 Bestandsmehrungen

Befinden sich mehr Endprodukte auf Lager bzw. Zwischenprodukte in der Fertigung als zu Beginn des Geschäftsjahres, so liegen *Bestandsmehrungen* vor.

Diese müssen von den Konten „Fertigerzeugnisse" bzw. „Unfertige Erzeugnisse" auf das Konto „Bestandsveränderungen" übertragen werden.

Beispiel:

Anfangsbestand an Fertigerzeugnissen 28 000 DM
Inventurbestand an Fertigerzeugnissen 32 000 DM

Buchungssätze:

Schlußbilanzkonto   32 000 DM
an Fertigerzeugnisse   32 000 DM

Fertigerzeugnisse   4 000 DM
an Bestandsveränderungen   4 000 DM

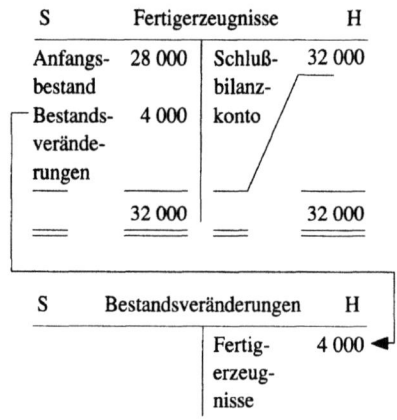

10.2.2 Bestandsminderungen

Wurden in einem Geschäftsjahr mehr Produkte verkauft als hergestellt bzw. ging der Wert der noch in der Produktion befindlichen Zwischenprodukte im Vergleich zur Inventur des Vorjahres zurück, so handelt es sich um *Bestandsminderungen*, die ebenfalls auf dem Konto „Bestandsveränderungen" zu buchen sind.

Beispiel:

Anfangsbestand an unfertigen Erzeugnissen	212 000 DM
Endbestand laut Inventur	196 000 DM

Buchungssätze:

Schlußbilanzkonto	196 000 DM	
an Unfertige Erzeugnisse		196 000 DM
Bestandsveränderungen	16 000 DM	
an Unfertige Erzeugnisse		16 000 DM

S	Unfertige Erzeugnisse		H
Anfangsbestand	212 000	Schlußbilanzkonto	196 000
		Bestandsveränderungen	16 000
	212 000		212 000

S	Bestandsveränderungen		H
Unfertige Erzeugnisse	16 000		

10.2.3 Abschluß des Kontos „Bestandsveränderungen"

Im *Gewinn- und Verlustkonto* erscheinen auf der Sollseite die Aufwendungen aller hergestellten Güter, einschließlich der noch in Produktion befindlichen. Auf der Habenseite werden die Verkaufserlöse aller abgesetzten Erzeugnisse ausgewiesen. Um die beiden Seiten vergleichbar zu machen, müssen auch die Veränderungen der Bestände in das Gewinn- und Verlustkonto einbezogen werden. Je nachdem, ob die Bestandsmehrungen oder die Bestandsminderungen überwiegen, sind zwei Buchungsfälle möglich:

Buchungssatz (bei Bestandsmehrungen):

Bestandsveränderungen an Gewinn- und Verlustkonto

Buchungssatz (bei Bestandsminderungen):

Gewinn- und Verlustkonto an Bestandsveränderungen

Auf der Grundlage der beiden vorstehenden Beispiele ergibt sich folgendes Kontenbild:

S		Bestandsveränderungen	H
Unfertige Erzeugnisse	16 000	Fertigerzeugnisse	4 000
		GuV	12 000
	16 000		16 000

S		Gewinn und Verlust	H
Aufwendungen	480 000	Verkaufserlöse	622 000
▶ Bestandsveränderungen	12 000		

Das Gewinn- und Verlustkonto weist nunmehr auf der Sollseite sämtliche Aufwendungen aus, die im Zusammenhang mit der Herstellung der verkauften Güter angefallen sind.

11 Vom Kontenrahmen zum Kontenplan

11.1 Zweck und Aufbau des Kontenrahmens

■ **Zweck der Vereinheitlichung**

Je größer die Zahl der in einem Unternehmen benötigten Konten, desto wichtiger ist es, diese systematisch anzuordnen und einheitlich zu benennen. Nur wenn dies geschehen ist, können jeweils benötigte Informationen kurzfristig aus der Buchhaltung gewonnen und ausgewertet werden. Zwischenbetriebliche Vergleiche, Überprüfungen der Rechnungslegung durch Wirtschaftsprüfer und Betriebsprüfer der Finanzverwaltung lassen sich ohne Schwierigkeiten nur realisieren, wenn die Buchführungen der verschiedenen Unternehmungen – trotz aller betriebsindividuellen Unterschiede – in ihren Grundzügen gleichartig organisiert sind. Überdies dient eine gewisse Vereinheitlichung der Buchhaltungsorganisation auch der Mobilität der im Rechnungswesen tätigen Arbeitskräfte sowie der Nachwuchsschulung.

Diese Gründe führten dazu, daß für verschiedene „Großbereiche der Wirtschaft" (zum Beispiel Einzelhandel, Großhandel, Industrie) überbetriebliche *Kontenrahmen* entwickelt wurden, die für sämtliche Unternehmen der betreffenden Wirtschaftssparte anwendbar sind. Ihre Einführung ist zwar nicht obligatorisch, in der betrieblichen Praxis haben sie sich jedoch weitgehend durchgesetzt.

■ **Aufbau des Kontenrahmens**

Alle Kontenrahmen sind dekadisch aufgebaut. Es bestehen

	10 Kontenklassen	zum Beispiel	0–9
je	10 Kontengruppen	zum Beispiel	10–19
je	10 Kontenuntergruppen	zum Beispiel	200–209
je	10 Kontenarten	zum Beispiel	3000–3009
je	10 Kontenunterarten	zum Beispiel	40000–40009

Die Kontenrahmen der verschiedenen Wirtschaftszweige sind meist nur bis zu den Kontenuntergruppen aufgegliedert, wenn überhaupt so weit. Daraus wird ersichtlich, daß von vornherein für betriebsindividuelle Gestaltungen ausreichend breiter Raum vorgesehen wurde.

11.2 Gliederungsprinzipien für Kontenrahmen

Die Rechnungslegung der Industriebetriebe muß die Unternehmen als Ganzes erfassen, sie muß Aussagen über Bestände und Erfolge ermöglichen. Dabei spielt es keine Rolle, ob Gewinne oder Verluste auf den eigentlichen Betriebszweck oder auf andere Ursachen zurückzuführen sind. Diese Beleg- oder Dokumentationsfunktion erfüllt die *Geschäftsbuchführung (Finanzbuchführung)*. Eine weitere, nicht minder wichtige Aufgabe ist die Darstellung der innerbetrieblichen Wertbewegungen sowie die Analyse des Geschäftserfolges nach betrieblichen und außerhalb der Unternehmenssphäre liegenden Ursachen. Dies erfolgt in der und *Betriebsbuchhaltung (Kosten- und Leistungsrechnung)*.

Jeder Kontenrahmen muß Geschäfts- und Betriebsbuchführung einschließen. Dabei sind zwei Gliederungsprinzipien (Organisationsprinzipien) möglich.

11.2.1 Organisation nach dem Prozeßgliederungsprinzip

Die Konten sind nach dem betrieblichen Leistungsprozeß angeordnet. Als Beispiel hierfür sei eine Übersicht über den „Gemeinschaftskontenrahmen der Industrie" (GKR) angeführt.

Kontenklasse	Bezeichnung der Kontenklasse
0	Anlage- und Kapitalkonten
1	Finanzkonten
2	Abgrenzungskonten
3	Roh-, Hilfs- und Betriebsstoffe
4	Konten der Kostenarten
5	Konten der Betriebsabrechnung
6	Konten der Betriebsabrechnung
7	Konten der Kostenträger (fertige und unfertige Erzeugnisse)
8	Vertriebs- und Erlöskonten
9	Abschlußkonten

Als nachteilig an dieser Einteilung hat sich herausgestellt, daß keine exakte Trennung zwischen Geschäfts- und Betriebsbuchführung möglich ist. So liegen die den betrieblichen Leistungsprozeß betreffenden Konten der Klassen 4, 5, 6 zwischen den Konten der Finanzbuchführung aus den Klassen 1 und 9. Auch lassen sich mehrere Kontenklassen nicht eindeutig dem „Rechnungskreis Betriebsbuchführung" bzw. dem „Rechnungskreis Geschäftsbuchführung" zuordnen. So kann die Kontenklasse 3 sowohl in der Geschäfts- als auch in der Betriebsbuchführung erfaßt sein. In manchen Unternehmen finden sich die Konten der Klasse 3 in beiden Teilbereichen; die Bestände werden in der Finanzbuchhaltung festgehalten, der Stoffeinsatz dagegen erscheint in der Betriebsbuchführung.

11.2.2 Organisation nach dem Abschlußgliederungsprinzip

Wie bereits dargestellt, muß am Ende einer jeden Wirtschaftsperiode ein Jahresabschluß (Bilanz, Gewinn- und Verlustrechnung) erstellt werden. Dabei finden die Gliederungsvorschriften von § 266 HGB Anwendung. Eine Buchführung, die sich in Inhalt, Bezeichnung und Reihenfolge ihrer Kontenklassen an diese Rechtsnormen anlehnt, ist nach dem Abschlußgliederungsprinzip aufgebaut.Der 1971 vom „Betriebswirtschaftlichen Ausschuß im Bundesverband der Deutschen Industrie" empfohlene „Industriekontenrahmen" (IKR) folgt im Bereich der Geschäftsbuchführung – Kontenklassen 0 bis 8 – dieser Konzeption:

■ **Bilanzkonten**

Kontenklassen 0, 1, 2 → Aktive Bestandskonten
Kontenklassen 3, 4 → Passive Bestandskonten

■ **Erfolgskonten**

Kontenklasse 5 → Ertragskonten
Kontenklassen 6, 7 → Aufwandskonten

■ **Eröffnung und Abschluß**

Kontenklasse 8 → Eröffnungs- und Abschlußkonten

Die Ausführungen in vorliegendem Band basieren auf dem überarbeiteten und 1987 vom Bundesverband der Deutschen Industrie herausgegebenen Industriekontenrahmen.

11.3 Der Industriekontenrahmen (IKR)

Der IKR in zwei Rechnungskreise; es sind dies

1. die nach dem *Abschlußgliederungsprinzip* aufgebaute Finanzbuchführung (Kontenklassen 0–8);

2. die nach dem *Prozeßgliederungsprinzip* organisierte Kosten- und Leistungsrechnung (Kontenklasse 9).

Nachstehend werden die wesentlichen Inhalte der einzelnen Kontenklassen skizziert, bei verschiedenen Klassen genügt bereits deren Bezeichnung als Hinweis auf den Inhalt.

Kontenklasse 0 (Immaterielle Vermögensgegenstände und Sachanlagen):

Hier werden bebaute und unbebaute Grundstücke, Maschinen und maschinelle Anlagen, Konzessionen, Patente, Lizenzen und anderes erfaßt. Allen diesen Konten ist gemeinsam, daß sie in der Regel relativ selten – häufig nur beim Jahresabschluß und bei der jährlichen Konteneröffnung – benötigt werden.

Kontenklasse 1 (Finanzanlagen):

In dieser Klasse finden sich langfristige Geldanlagen, wie zum Beispiel Beteiligungen, langfristige Kredite an Kunden, Wertpapiere des Anlagevermögens.

Kontenklasse 2 (Umlaufvermögen und aktive Jahresabgrenzung):

Diese Klasse umfaßt die Posten des Vorratsvermögens, Forderungen aus Lieferungen und Leistungen, Vorsteuer, Wertpapiere des Umlaufvermögens, die flüssigen Mittel sowie die Posten der aktiven Jahresabgrenzung (Ausgaben des laufenden Jahres, die erst im Folgejahr zu Aufwendungen werden).

Kontenklasse 3 (Eigenkapital und Rückstellungen)

Kontenklasse 4 (Verbindlichkeiten und passive Jahresabgrenzung):

Neben den „Schulden" der verschiedensten Ursachen und Fälligkeiten sind hier die passiven Rechnungsabgrenzungsposten von besonderer Bedeutung: Bei ihnen handelt es sich um bereits erfolgte Einnahmen, die erst in einer späteren Wirtschaftsperiode zu Erträgen führen.

Kontenklasse 5 (Erträge):

Die wichtigsten Konten dieser Klasse nehmen die Umsatzerlöse auf. Daneben werden unter anderem die Bestandsveränderungen an fertigen und unfertigen Produkten, Zinsen und zinsähnliche Erträge, Erträge aus der Auflösung von Rückstellungen aufgenommen.

Kontenklasse 6 (Betriebliche Aufwendungen)

Kontenklasse 7 (Weitere Aufwendungen)

Die frühere Bezeichnung „Zinsen und ähnliche Aufwendungen" deutet bereits an, daß der Zinsbegriff sehr weit gefaßt wurde. Er umschließt neben den „üblichen" Schuldzinsen auch Diskontaufwendungen, Bereitstellungsgebühren, Kredit und Überziehungsprovisionen usw. In diesem Zusammenhang sei auf den Abschnitt 9.5 „Buchung weiterer Aufwendungen" hingewiesen.

Kontenklasse 8 (Ergebnisrechnungen):

In dieser Kontenklasse befinden sich die Konten für die Eröffnungsbilanz, für die Schlußbilanz sowie für die Gewinn- und Verlustrechnung.

Kontenklasse 9 (Kosten- und Leistungsrechnung)

Diese Klasse ist im wesentlichen in drei Abschnitte unterteilt:

1. Abgrenzungsbereich: Hier werden Aufwendungen und Erträge dahingehend analysiert, ob sie mit der eigentlichen betrieblichen Leistungserstellung zusammenhängen. Die Kontengruppen 90 und 91 haben somit eine Art Filterfunktion, indem sie nur diejenigen Positionen an die Kostenrechnung weiterleiten, die im direkten Zusammenhang mit dem Betriebszweck stehen.

2. Eigentliche Kosten- und Leistungsrechnung: Dieser Teil der Kontenklasse 9 ist der Kostenarten-, der Kostenstellen- und der Kostenträgerrechnung vorbehalten.

3. Ergebnisse: Hier werden die Ergebnisse aus der Kosten- und Leistungsrechnung zusammengefaßt.

11.4 Der Kontenplan

Die Kontenrahmen können naturgemäß lediglich allgemein gehalten sein. Die für die Buchhaltung wichtigen betriebsindividuellen Eigenschaften werden von jedem Unternehmen dadurch berücksichtigt, daß es aus dem für seinen Wirtschaftszweig empfohlenen Kontenrahmen einen eigenen Kontenplan entwickelt. Dabei werden nur Konten eingerichtet, die tatsächlich benötigt werden. Es ist daher verständlich, daß trotz aller aus dem Kontenrahmen resultierenden Gemeinsamkeiten von Unternehmen zu Unternehmen Unterschiede in der Anzahl und in der Benennung der Konten festzustellen sind. So genügt für ein Unternehmen mit lediglich einer Bankverbindung das Konto „28 Bank", um alle auf diesem Wege erfolgenden Zahlungen zu erfassen. Bei einem größeren Unternehmen kann es sich dagegen als unumgänglich herausstellen, zum Beispiel die Konten

280 Deutsche Bank,

281 Dresdner Bank,

2821 Commerzbank, Konto 050633,

2822 Commerzbank, Konto 248158

einzurichten. Die Beschränkung auf nur ein „buchhalterisches Bankkonto" würde Aussagen über Kontenstände und -entwicklungen sehr erschweren.

Bereits an anderer Stelle wurde dargelegt, daß sämtliche Geschäftsvorfälle durch die Kurzform der Buchungssätze ausgedrückt werden. Bisher geschah dies in der Weise, daß jedes Konto mit seinem Namen erwähnt wurde. So ergab zum Beispiel die „Warenrücksendung eines Kunden" den Buchungssatz „Erlösberichtigungen/Umsatzsteuer an Forderungen". Für die betriebliche Praxis sind diese verbalen Kennzeichnungen und die damit ausgedrückten Buchungsanweisungen noch immer zu lang. An die Stelle der Kontennamen treten die aus dem jeweils eingeführten Kontenplan entnommenen *Kontennummern*. Der Buchungssatz über die Warenrücksendung zum Beispiel erscheint nunmehr als „5001 und 480 an 24".

Dieser Buchungssatz wird auf dem entsprechenden Beleg notiert. Dies erfolgt mit dem sogenannten *Buchungsstempel*.

Konto	Soll	Haben
5001	1200	
480	120	
24		1320

Der Buchungsstempel zeigt also an, welche Konten für eine bestimmte Buchung benötigt werden und welche Beträge dabei auf den Kontenseiten zu buchen sind.

Literaturempfehlung

Bähr, Gottfried/Fischer-Winkelmann, Wolf:
Buchführung und Jahresabschluß, Wiesbaden 1992.

Bergmann, Robert:
Grundlagen der Buchführung in der BRD, Köln 1990.

Bornhofen, Manfred/Busch, Ernst:
Buchführung 1, Lehrbuch mit EDV-Konvertierung,
Wiesbaden 1993.
Dazu: Lösungsheft, Wiesbaden 1993.

Bornhofen, Manfred/Busch, Ernst:
Buchführung 2, Lehrbuch mit EDV-Konvertierung,
Wiesbaden 1993.
Dazu: Lösungsheft, Wiesbaden 1993.

Falterbaum, Hermann/Beckmann, Heinz:
Buchführung und Bilanz, Achim 1989.

Koller, Werner/Legner, Manfred:
Vom Beleg zur Bilanz, München 1990.

Löschke, Norbert/Sikorski, Ralf:
Buchführung und Bilanzierung, München 1990.

* * *

bilanz & buchhaltung
Zeitschrift für Rechnungswesen und Steuern, Wiesbaden.

Bilanzbuchhalter
Fachzeitschrift für Führungskräfte des Finanz- und Rechnungswesens, herausgegeben vom Bundesverband der Bilanzbuchhalter e.V., Bonn.

BBK – Buchführung, Bilanz, Kostenrechnung
Zeitschrift für das gesamte Rechnungswesen, Herne/Berlin.

Stichwortverzeichnis

A

Abschlußgliederungsprinzip 85
Abschreibung 66
– degressive 68
– lineare 67
Abschreibungsgegenstand 67
Abschreibungsmethode 67
Abschreibungssatz 67
Aktiva 8
Aktivseite 8
Arbeitgeberanteil 62
Arbeitsentgelt 60
Auflösung 14
Aufwandskonten 22, 23
Aufwendungen 21
Außenstände 2

B

Bestandsaufnahme,
 körperliche 5
Bestandskonten 14
Bestandsmehrungen 77
Bestandsminderungen 78
Bestandsveränderungen 76
Betriebsbuchhaltung 82
Betriebsstoffe 30
Bezugskosten 35
Bilanz 8, 12
Bilanzauflösung 14
Boni 40
Buchführung, doppelte 11
Buchungsfunktion der
 Buchführung 1

Buchungsregeln 18
Buchungssatz 27
Buchungsstempel 88

D

direkte Abschreibung 68
Doppik 11

E

Eigenkapitalkonto 25
Eigenkapitalvergleich 8
Einkäufe 30
Einkaufskonten 31
Einzelwertberichtigung 71
Erfolgskonten 22, 24
Erlösberichtigungen 39
Erträge 21
Ertragskonten 22

F

Fertigerzeugnisse 77
Finanzbuchführung 82, 85
Fremdbauteile 30
Fremdkapital 8
Funktionen der Buchführung 1

G

Gegenkonto 19
Gemeinschaftskontenrahmen
  der Industrie 83
Geschäftsbuchführung 82
Geschäftserfolg 7
Geschäftsfälle,
  erfolgswirksame 21
Geschäftsvorfälle
  – erfolgswirksame 21
  – auslösende 29
Gewinn- und Verlustkonto 79
Gewinne 22
Grundsätze ordnungsmäßiger
  Buchführung 3
Gutschriften 38

H

Haben 15
Habenseite 15
Handelswaren 30
Hilfsstoffe 30

I

indirekte Abschreibung 68
Industriekontenrahmen 84
Informationsfunktion der
  Buchführung 2
Inventar 5
Inventur 5

K

Kontenklassen 85
Kontennummern 88
Kontenplan 87
Kontenrahmen 81
Konto „Gewinn und Verlust" 25
Kosten- und Leistungs-
  rechnung 82, 85

L

Lieferantenschulden 16

M

Materialien 30
Materialverbrauch 57
Mehrwertsteuer 45

N

Nettolohnbuchung 60

O

Ordnungsfunktion der
  Buchführung 1

P

Passiva 8
Passivseite 8
Pauschalwertberichtigungen zu
   Forderungen 73
Privateinlagen 53
Privatentnahmen 8, 53
Privatkonto 53
Privatsteuern 64
Prozeßgliederungsprinzip 85

R

Rabatte 40
Rechnungskreis Betriebs-
   buchführung 83
Rechnungskreis Geschäfts-
   buchführung 83
Rohstoffe 30
Rücksendungen 38

S

Saldo 19
Sammelfunktion der Buch-
   führung 1
Schlußbilanz 19
Schlußbilanzkonto 33
Schuldenkonten 31
Skonti 40
Soll 15
Sollseite 15
sonstige Verbindlichkeit 49
Steuern 63
Steuern, betriebliche 64
Steuerschuld 44
Stornobuchung 38

T

T-Konto 8
Transportkosten 37

U

Umsatzerlöse 39
Umsatzsteuer 44
Umsatzsteuerkorrekturen 50
Unfertige Erzeugnisse 77

V

Veränderungstypen der
   Bilanz 12
Verbindlichkeiten 2
Verkäufe 30
Verlust 7, 22
Vorschüsse 62
Vorsteuer 45
Vorsteuer-Überhang 49

W

Warenverkäufe 32

Z

Zahllast 44
Zahlungsmittelkonten 31
Zwischenbilanzen 10

Reihe Praxis der Unternehmensführung

K. Balzer
Finanzbuchhaltung
102 S., ISBN 3-409-13558-8

K. Balzer
Betriebsübersicht und Abschlußbuchungen
ca. 90 S., ISBN 3-409-13520-0

G. Bähr/W. F. Fischer-Winkelmann/R. Fraling u.a.
Buchführung – Leitlinien und Organisation
144 S., ISBN 3-409-13968-0

J. Bussiek
Buchführung – Technik und Praxis
100 S., ISBN 3-409-13978-8

J. Bussiek/R. Fraling/K. Hesse
Unternehmensanalyse mit Kennzahlen
92 S., ISBN 3-409-13984-2

H. Dallmer/H. Kuhnle/J. Witt
Einführung in das Marketing
142 S., ISBN 3-409-13972-9

H. Diederich
Grundlagen wirtschaftlichen Handelns
92 S., ISBN 3-409-13548-0

O. D. Dobbeck
Wettbewerb und Recht
108 S., ISBN 3-409-13966-4

U. Dornieden/F.-W. May/H. Probst
Unternehmensfinanzierung
140 S., ISBN 3-409-13985-0

U.-P. Egger
Kreditmanagement im Unternehmen
80 S., ISBN 3-409-13993-1

U.-P. Egger/P. Gronemeier
Existenzgründung
100 S., ISBN 3-409-18306-X

W. Eichner/S. Braun/K. König
Lagerwirtschaft, Transport und Entsorgung
ca. 100 S., ISBN 3-409-13517-0

D. Glüder
Förderprogramme öffentlicher Banken
120 S., ISBN 3-409-13987-7

W. Hilke
Bilanzieren nach Handels- und Steuerrecht
Teil 1: 134 S.,
ISBN 3-409-13980-X
Teil 2: 160 S.,
ISBN 3-409-13981-8

D. Hofmann
Planung und Durchführung von Investitionen
112 S., ISBN 3-409-13994-X

H. Hub
Aufbauorganisation · Ablauforganisation
100 S., ISBN 3-409-18311-6

L. Irgel/H.-J. Klein/M. Kröner
Handelsrecht und Gesellschaftsformen
122 S., ISBN 3-409-13965-6

G. Jeuschede
Grundlagen der Führung
74 S., ISBN 3-409-18312-4

T. Kaiser
Personalwirtschaft
84 S., ISBN 3-409-13996-6

S. Klamroth/R. Walter
Vertragsrecht
106 S., ISBN 3-409-13967-2

S. Kosbab u.a.
Wirtschaftsrechnen in Unternehmen und Banken
274 S. (Doppelband),
ISBN 3-409-13553-7

A. Kretschmar
Angewandte Soziologie im Unternehmen
88 S., ISBN 3-409-18310-8

V. Kunst
Angewandte Psychologie im Unternehmen
80 S., ISBN 3-409-18309-4

M. Lensing
Materialwirtschaft und Einkauf
ca. 180 S. (Doppelband),
ISBN 3-409-13529-4

J. Löffelholz
Grundlagen der Produktionswirtschaft
84 S., ISBN 3-409-13990-7

J. Löffelholz
Kontrollieren und Steuern mit Plankostenrechnung
72 S., ISBN 3-409-13991-5

J. Löffelholz
Lohn und Arbeitsentgelt
80 S., ISBN 3-409-13818-8

J. Löffelholz
Unternehmensformen und Unternehmenszusammenschlüsse
68 S., ISBN 3-409-13989-3

H. Lohmeyer/L. Th. Jasper/ G. Kostka
Die Steuerpflicht des Unternehmens
138 S., ISBN 3-409-13986-9

W. Pepels
Handelsmarketing
ca. 100 S., ISBN 3-409-13515-4

W. Pepels
Marketingforschung und Absatzprognose
124 S., ISBN 3-409-13515-4

W. Pepels
Werbung und Absatzförderung
216 S. (Doppelband),
ISBN 3-409-18313-2

D. Scharf
Grundzüge des betrieblichen Rechnungswesens
110 S., ISBN 3-409-13988-5

D. Scharf
Handelsrechtlicher Jahresabschluß
124 S., ISBN 3-409-13914-1

T. Scherer
Markt und Preis
104 S., ISBN 3-409-18308-6

W. Teß
Bewertung von Wirtschaftsgütern
140 S., ISBN 3-409-13889-7

H. D. Torspecken/H. Lang
Kostenrechnung und Kalkulation
152 S., ISBN 3-409-13969-9

H. J. Uhle
Unternehmensformen und ihre Besteuerung
110 S., ISBN 3-409-13979-6

P. W. Weber/K. Liessmann/ E. Mayer
Unternehmenserfolg durch Controlling
160 S., ISBN 3-409-13992-3

J. Witt
Absatzmanagement
132 S., ISBN 3-409-13895-1

J. Witt
Verkaufsmanagement
ca. 100 S., ISBN 3-409-13557-X

Anhang: Industriekontenrahmen (IKR) für Aus- und Fortbildung 1987

Anlagevermögen		
0 Immaterielle Vermögensgegenstände und Sachanlagen	**1** Finanzanlagen	**2** Umlaufv… aktive R…

00	Ausstehende Einlagen	10 bis 12 Frei	Vorräte
000	Ausstehende Einlagen	13 Beteiligungen	20 Roh-, Hil…
01	Frei	130 Beteiligungen	200 Roh…
Immaterielle Vermögensgegenstände		14 Frei	200…
02	Konzessionen, gewerbliche Schutzrechte und ähnliche Rechte und Werte sowie Lizenzen an solchen Rechten und Werten	15 Wertpapiere des Anlagevermögens	200…
		150 Wertpapiere des Anlagevermögens	201 Vor…
		16 sonstige Firmenanlagen	201…
020	Konzessionen	160 Sonstige Finanzanlagen	201…
03	Geschäfts- oder Firmenwert	17 bis 19 Frei	202 Hilf…
030	Geschäfts- oder Firmenwert		202…
04	Frei		202…
Sachanlagen			203 Betr…
05	Grundstücke, grundstücksgleiche Rechte und Bauten einschließlich der Bauten auf fremden Grundstücken		203…
			203…
			207 Son…
050	Unbebaute Grundstücke		207…
051	Bebaute Grundstücke		207…
053	Betriebsgebäude		21 Unfertige
054	Verwaltungsgebäude		210 Unf…
055	Andere Bauten		219 Unf…
056	Grundstückseinrichtungen		22 Fertige Er…
057	Gebäudeeinrichtungen		220 Fert…
059	Wohngebäude		228 Wa…
06	Frei		228…
07	Technische Anlagen und Maschinen		228…
070	Anlagen und Maschinen der Energieversorgung		23 Geleistete
071	Anlagen der Materiallagerung und -bereitstellung		230 Gel…
072	Anlagen und Maschinen der mechanischen Materialbearbeitung, -verarbeitung und -umwandlung		*Forderungen und …*
			24 Forderung…
			240 Ford…
			245 We…
073	Anlagen für Wärme-, Kälte- und chemische Prozesse sowie ähnliche Anlagen		Leis…
			247 Zw…
074	Anlagen für Arbeitssicherheit und Umweltschutz		248 Prot…
			25 Frei
075	Transportanlagen und ähnliche Betriebsvorrichtungen		26 Sonstige V…
			260 Vor…
076	Verpackungsanlagen und -maschinen		263 Sons…
077	Sonstige Anlagen und Maschinen		265 Ford…
078	Reservemaschinen und -anlagenteile		269 Übr…
079	Geringwertige Anlagen und Maschinen		27 Wertpapie…
08	Andere Anlagen, Betriebs- und Geschäftsausstattung		270 Wer…
			28 Flüssige M…
080	Andere Anlagen		280 Gut…
081	Werkstätteneinrichtung		284
082	Werkzeuge, Werkgeräte und Modelle, Prüf- und Meßmittel		285 Post…
			286 Sche…
083	Lager- und Transporteinrichtungen		287 Bun…
084	Fuhrpark		288 Kas…
085	Sonstige Betriebsausstattung		289 Neb…
086	Büromaschinen, Organisationsmittel und Kommunikationsanlagen		29 Aktive R…
			290 Akt…
087	Büromöbel und sonstige Geschäftsausstattung		292 Um…
088	Reserveteile für Betriebs- und Geschäftsausstattung		299 (nic…
			Fehl…
089	Geringwertige Vermögensgegenstände der Betriebs- und Geschäftsausstattung		
09	Geleistete Anzahlungen und Anlagen im Bau		
090	Geleistete Anzahlungen auf Sachanlagen		
095	Anlagen im Bau		

...eben vom Bundesverband der Deutschen Industrie

...lassen

...rmögen			PASSIVA	
...d ...grenzung	**3**	**Eigenkapital und Rückstellungen**	**4**	**Verbindlichkeiten und passive Rechnungsabgrenzung**

		Eigenkapital			
...ebsstoffe	30	Eigenkapital/Gezeichnetes Kapital		40	Frei
...gungsmaterial		Bei Einzelkaufleuten:		41	Anleihen
...osten		300 Eigenkapital			410 Anleihen
...ie		3001 Privatkonto		42	Verbindlichkeiten gegenüber Kreditinstituten
...remdbauteile		Bei Personengesellschaften:			420 Kurzfristige Bankverbindlichkeiten
...osten		300 Kapital Gesellschafter A			
...ie		3001 Privatkonto A			425 Langfristige Bankverbindlichkeiten
		301 Kapital Gesellschafter B			
...osten		3011 Privatkonto B		43	Erhaltene Anzahlungen auf Bestellungen
...ie		307 Kommanditkapital Gesellschafter C			430 Erhaltene Anzahlungen
...osten		308 Kommanditkapital Gesellschafter D		44	Verbindlichkeiten aus Lieferungen und Leistungen
...ie		Bei Kapitalgesellschaften:			440 Verbindlichkeiten aus Lieferungen und Leistungen
...ial		300 Gezeichnetes Kapital (Grundkapital/Stammkapital)		45	Wechselverbindlichkeiten
...osten		31 Kapitalrücklage			450 Schuldwechsel
...ie, unfertige Leistungen		310 Kapitalrücklage		46 und 47 Frei	
...gnisse	32	Gewinnrücklagen		48	Sonstige Verbindlichkeiten
...ungen		321 Gesetzliche Rücklagen			480 Umsatzsteuer
...nd Waren		323 Satzungsgemäße Rücklagen			483 Sonstige Verbindlichkeiten gegenüber Finanzbehörden
...isse		324 Andere Gewinnrücklagen			
...swaren)	33	Ergebnisverwendung			484 Verbindlichkeiten gegenüber Sozialversicherungsträgern
...osten		331 Jahresergebnis des Vorjahres			
...ie		332 Ergebnisvortrag aus früheren Perioden			485 Verbindlichkeiten gegenüber Mitarbeitern
...en auf Vorräte		334 Veränderung der Gewinnrücklagen vor Bilanzergebnis			486 Verbindlichkeiten aus vermögenswirksamen Leistungen
...hlungen auf Vorräte		335 Bilanzgewinn/Bilanzverlust			
...mögensgegenstände (24–26)		336 Ergebnisausschüttung			487 Verbindlichkeiten gegenüber Gesellschaftern (Dividende)
...erungen und Leistungen		339 Ergebnisvortrag auf neue Rechnung			
...s Lieferungen und Leistungen	34	Jahresüberschuß/Jahresfehlbetrag			489 Übrige sonstige Verbindlichkeiten
...ngen aus Lieferungen und ...itzwechsel)		340 Jahresüberschuß/Jahresfehlbetrag		49	Passive Rechnungsabgrenzung
...rderungen	35	Sonderposten mit Rücklageanteil			490 Passive Jahresabgrenzung
		350 Sonderposten mit Rücklageanteil			
...egenstände	36	Wertberichtigungen			
...ungen an Finanzbehörden		(Bei Kapitalgesellschaften als Passivposten der Bilanz nicht mehr zulässig)			
Mitarbeiter		361 – zu Sachanlagen			
Forderungen		365 – zu Finanzanlagen			
...aufvermögens		367 Einzelwertberichtigung zu Forderungen			
...s Umlaufvermögens		368 Pauschalwertberichtigung zu Forderungen			
...reditinstituten (Bank)		*Rückstellungen*			
	37	Rückstellungen für Pensionen und ähnliche Verpflichtungen			
		370 Rückstellungen für Pensionen und ähnliche Verpflichtungen			
...grenzung und Bilanzfehlbetrag	38	Steuerrückstellungen			
...grenzung		380 Steuerrückstellungen			
...uf erhaltene Anzahlungen	39	Sonstige Rückstellungen			
...enkapital gedeckter		391 – für Gewährleistung			
		393 – für andere ungewisse Verbindlichkeiten			
		397 – für drohende Verluste aus schwebenden Geschäften			
		399 – für Aufwendungen			

Fortsetzung: **Industriekontenrahmen (IKR) für Aus- und Fortbildung**

	ERTRÄGE			
5	**Erträge**	**6**	**Betriebliche Aufwendungen**	

50	Umsatzerlöse für eigene Erzeugnisse und andere eigene Leistungen		*Materialaufwand*	*Sonstige betrieblich*
	500 Umsatzerlöse für eigene Erzeugnisse	60	Aufwendungen für Roh-, Hilfs- und Betriebsstoffe und für bezogene Waren	66 **Sonstige P**
	5001 Erlösberichtigungen		600 Aufwendungen für Rohstoffe/Fertigungsmaterial	660 Aufv
	505 Umsatzerlöse für andere eigene Leistungen		601 Aufwendungen für Vorprodukte/Fremdbauteile	661 Aufv
	5051 Erlösberichtigungen		602 Aufwendungen für Hilfsstoffe	662 Aufv Arbe
51	Umsatzerlöse für Waren und sonstige Umsatzerlöse		603 Aufwendungen für Betriebsstoffe/Verbrauchswerkzeuge	663 Pers(
	510 Umsatzerlöse für Waren		604 Verpackungsmaterial	664 Aufv
	5101 Erlösberichtigungen		605 Energie	665 Aufv
	519 Sonstige Umsatzerlöse		606 Reparaturmaterial	666 Aufv vera
	5191 Erlösberichtigungen		607 Aufwendungen für sonstiges Material	667 Aufv einri
52	Erhöhung oder Verminderung des Bestandes an unfertigen und fertigen Erzeugnissen		608 Aufwendungen für Waren	668 Ausg behi
	520 Bestandsveränderungen	61	Aufwendungen für bezogene Leistungen	669 Übri
	5201 Bestandsveränderungen an unfertigen Erzeugnissen und nicht abgerechneten Leistungen		610 Fremdleistungen für Erzeugnisse und andere Umsatzleistungen	67 **Aufwendu Rechten u**
	5202 Bestandsveränderungen an fertigen Erzeugnissen		614 Frachten u. Nebenkosten	670 Miet(
53	Andere aktivierte Eigenleistungen		615 Vertriebsprovisionen	671 Leasi
	530 Aktivierte Eigenleistungen		616 Fremdinstandhaltung	672 Lizer
54	Sonstige betriebliche Erträge		617 Sonstige Aufwendungen für bezogene Leistungen	673 Gebi
	540 Mieterträge			675 Koste
	541 Sonstige Erlöse (z. B. aus Provisionen oder Anlagenabgängen)		*Personalaufwand*	676 Prov (auße
	542 Eigenverbrauch	62	**Löhne**	677 Rech
	543 Andere sonstige betriebliche Erträge		620 Löhne einschl. tariflicher, vertraglicher oder arbeitsbedingter Zulagen	68 **Aufwendu (Dokument**
	544 Erträge aus Werterhöhungen von Gegenständen des Anlagevermögens (Zuschreibungen)		621 Urlaubs- und Weihnachtsgeld	680 Büro
			622 Sonstige tarifliche oder vertragliche Aufwendungen für Lohnempfänger	681 Zeit
	545 Erträge aus der Auflösung oder Herabsetzung von Wertberichtigungen auf Forderungen		623 Freiwillige Zuwendungen	682 Post
			625 Sachbezüge	685 Reise
			626 Vergütungen an Auszubildende	686 Bewi
	546 Erträge aus dem Abgang von Vermögensgegenständen	63	**Gehälter**	687 Wert
			630 Gehälter und Zulagen	688 Spen
	548 Erträge aus der Herabsetzung von Rückstellungen		631 Urlaubs- und Weihnachtsgeld	69 **Aufwendu Wertkorrel**
			632 Sonstige tarifliche oder vertragliche Aufwendungen	**Aufwendu**
	549 Periodenfremde Erträge		633 Freiwillige Zuwendungen	690 Versi
55	Erträge aus Beteiligungen		635 Sachbezüge	692 Beitr
	550 Erträge aus Beteiligungen		636 Vergütungen an Auszubildende	Beru
56	Erträge aus anderen Wertpapieren und Ausleihungen des Finanzanlagevermögens	64	**Sonstige Abgaben und Aufwendungen für Altersversorgung und für Unterstützung**	693 Verlu
				694 Sons
	560 Erträge aus anderen Finanzanlagen		640 Arbeitgeberanteil zur Sozialversicherung (Lohnbereich)	695 Absc
57	Sonstige Zinsen und ähnliche Erträge			696 Verlu
	571 Zinserträge		641 Arbeitgeberanteil zur Sozialversicherung (Gehaltsbereich)	Verm
	573 Diskonterträge			698 Zufu
	578 Erträge aus Wertpapieren des Umlaufvermögens		642 Beiträge zur Berufsgenossenschaft	Gewi
			644 Aufwendungen für Altersversorgung	699 Perio
	579 Sonstige zinsähnliche Erträge		645 Aufwendungen für Unterstützung	
58	**Außerordentliche Erträge**	65	**Abschreibungen**	
	580 Außerordentliche Erträge		*Abschreibungen auf Anlagevermögen*	
59	**Frei**		651 Abschreibungen auf immaterielle Vermögensgegenstände des Anlagevermögens	
			652 Abschreibungen auf Sachanlagen	
			654 Abschreibungen auf geringwertige Wirtschaftsgüter	
			655 Außerplanmäßige Abschreibungen auf Sachanlagen	
			657 Unüblich hohe Abschreibungen auf Umlaufvermögen	

usgegeben vom Bundesverband der Deutschen Industrie

				ERGEBNISRECHNUNGEN	
UNGEN	**7**	**Weitere Aufwendungen**	**8**	**Ergebnisrechnungen**	
gen (66–70)	70	Betriebliche Steuern	80	Eröffnung/Abschluß	
endungen	700	Gewerbekapitalsteuer	800	Eröffnungsbilanzkonto	
für Personaleinstellung	701	Vermögensteuer	801	Schlußbilanzkonto	
für übernommene Fahrtkosten	702	Grundsteuer	802	GuV-Konto Gesamtkosten-	
für Werkarzt und	703	Kraftfahrzeugsteuer		verfahren	
	707	Ausfuhrzölle	803	GuV-Konto Umsatzkosten-	
ne Versicherungen	708	Verbrauchsteuern		verfahren	
für Fort- und Weiterbildung	709	Sonstige betriebliche Steuern			
für Dienstjubiläen	71 bis 73 Frei		*Konten der Kostenbereiche für die GuV im*	
für Belegschafts-	74	Abschreibungen auf Finanzanlagen und auf	*Umsatzkostenverfahren*	
		Wertpapieren des Umlaufvermögens und Verluste	81	Herstellungskosten	
für Werksküche und Sozial-		aus entsprechenden Abgängen	82	Vertriebskosten	
	740	Abschreibungen auf Finanzanlagen	83	Allgemeine Verwaltungskosten	
e nach dem Schwer-	742	Abschreibungen auf Wertpapiere des	84	Sonstige betriebliche Aufwendungen	
tz		Umlaufvermögens			
Personalaufwendungen	745	Verluste aus dem Abgang von	*Konten der kurzfristigen Erfolgsrechnung (KER)*	
e Inanspruchnahme von		Finanzanlagen	*für innerjährige Rechnungsperioden (Monat,*	
	746	Verluste aus dem Abgang von Wertpapieren	*Quartal oder Halbjahr)*	
		des Umlaufvermögens	85	Korrekturkonten zu den Erträgen	
nzessionen	75	Zinsen und ähnliche Aufwendungen		der Kontenklasse 5	
	751	Zinsaufwendungen	86	Korrekturkonten zu den	
verkehrs	753	Diskontaufwendungen		Aufwendungen der Kontenklasse 6	
ndungen	759	Sonstige zinsähnliche Aufwendungen	87	Korrekturkonten zu den	
provisionen)	76	Außerordentliche Aufwendungen		Aufwendungen der Kontenklasse 7	
tungskosten	760	Außerordentliche Aufwendungen	88	Kurzfristige Erfolgsrechnung (KER)	
mmunikation	77	Steuern vom Einkommen und Ertrag	880	Gesamtkostenverfahren	
mation, Reisen, Werbung)	770	Gewerbeertragsteuer	881	Umsatzkostenverfahren	
	771	Körperschaftsteuer	89	Innerjährige Rechnungsabgrenzung	
achliteratur	772	Kapitalertragsteuer	890	aktive Rechnungsabgrenzung	
	78 und 79 Frei		895	passive Rechnungsabgrenzung	

		KOSTEN- UND LEISTUNGSRECHNUNG
räsentation		
iträge und Sonstiges sowie	**9**	**Kosten- und Leistungsrechnung (KLR)**
periodenfremde		
iträge	90	Unternehmensbezogene Abgrenzungen (neutrale Aufwendungen u. Erträge)
schaftsverbänden und		
en	91	Kostenrechnerische Korrekturen
densfällen	92	Kostenarten und Leistungsarten
dungen	93	Kostenstellen
auf Forderungen	94	Kostenträger
n Abgang von	95	Fertige Erzeugnisse
nständen	96	Interne Lieferungen und Leistungen sowie deren Kosten
Rückstellungen für	97	Umsatzkosten
Aufwendungen	98	Umsatzleistungen
	99	Ergebnisausweise

In der Praxis wird die KLR gewöhnlich tabellarisch durchgeführt.

MIX
Papier aus verantwortungsvollen Quellen
Paper from responsible sources
FSC® C105338

If you have any concerns about our products,
you can contact us on
ProductSafety@springernature.com

In case Publisher is established outside the EU,
the EU authorized representative is:
**Springer Nature Customer Service Center GmbH
Europaplatz 3, 69115 Heidelberg, Germany**

Printed by Libri Plureos GmbH
in Hamburg, Germany